図解 実践！アクティブラーニングができる本

監修 小林昭文
産業能率大学経営学部教授

健康ライブラリー スペシャル
講談社

まえがき

私は年間１００回以上の研修会講師を務め、さまざまな質問や意見に接しています。

ある学校で斜に構えた50代の先生から「なぜ授業を変えるのか？」「変えれば成績が下がるのでは？」などの質問攻勢にあいました。私はベテラン相手には対等に反論します。彼は「わかった。考え直してみる」と憮然とした反応でした。しかし2ヵ月後、校長先生から「彼がいまや本校の授業改善のリーダーです」とのメール。根本的な議論をした甲斐がありました。

別の機会に「小林さんの本の通りにやっているけど、全然うまくいきません」と質問されたこともあります。くわしく聞いていくと「解答・解説は渡していません」。それって本の通りじゃないよねと思ったりもしました。

いろいろな研修会でお会いする熱心な先生に、相談を受けたこともあります。「私が懸命にやっているのに、同僚はついてきません。校長もヘンな授業をやめろと言います。どうすれば彼らを説得できますか？」

私は「たたかって勝たなければ授業は続けられませんか？　実践研究はできませんか？」と質問。「あっ、そんなことはないですね」と気づいた彼はいま、着々と腕を磨いています。

この本と同じシリーズで、２０１６年に『図解　アクティブラーニングがよくわかる本』を刊行しました。その本で基礎知識を伝えることはできましたが、今度は「理解はできても実践がはじめられない」「はじめたけどうまくできない」などの悩みが山積みだということです。

それなら「アクティブラーニングができる本をつくろう」ということにしました。編集者からのインタビューを受けるだけでなく、現場の先生たちにお集まりいただいて「質問会」も開きました。生々しい苦労話をたくさん聞かせてもらいました。多くの先生たちのご協力に感謝申し上げます。

こうして、第1巻でも好評だった「わかりやすい図解」と「かわいいイラスト」の再登場となりました。校正の段階で私自身が「ひとりの読者」気分で楽しく読みました。みなさんにも楽しく読みながら、「これならできる！」と感じていただけると思います。この本からヒントをつかみ、教室へ、職員室へお戻りください。そこが教育のフロンティア（最前線）です。みなさんの現場です。健闘を祈ります。

産業能率大学経営学部教授　**小林昭文**

図解

実践！アクティブラーニングができる本　もくじ

3 同僚にどう言えばわかってもらえるか……67

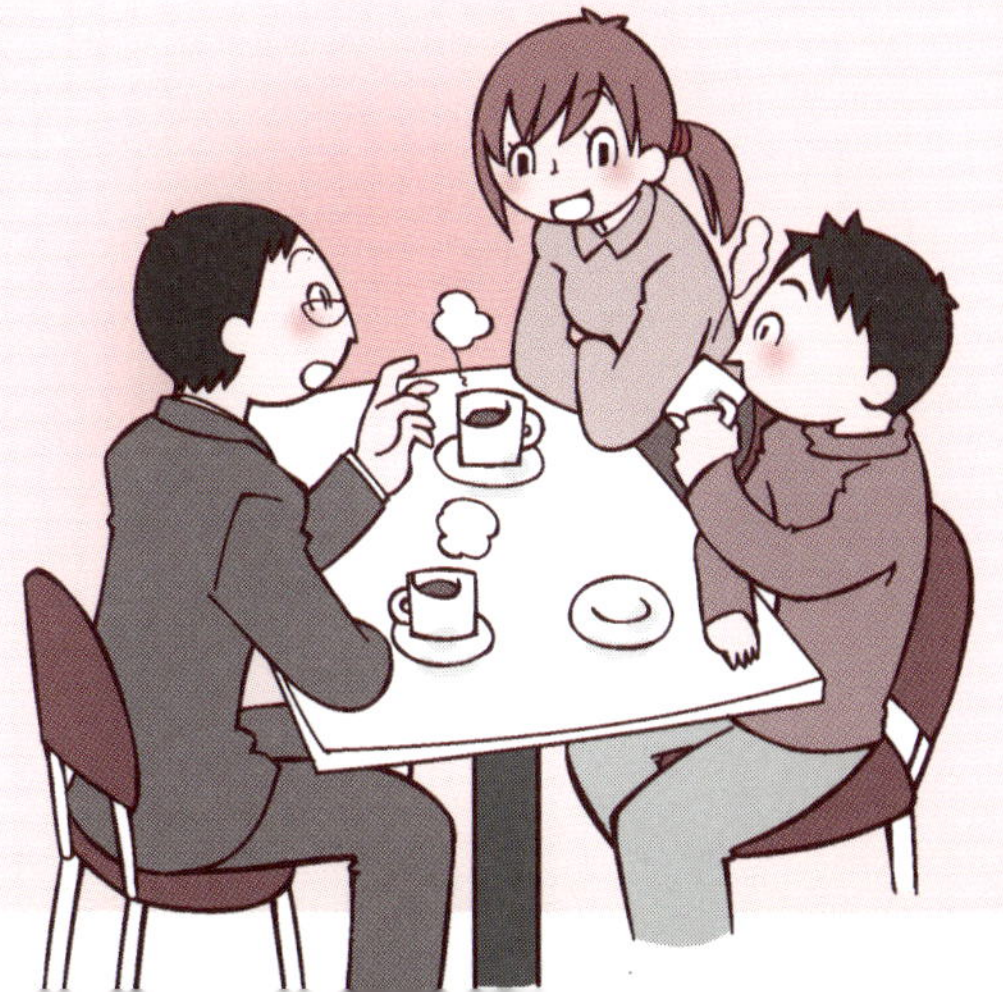

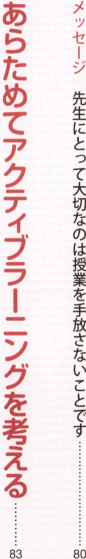

この本の使い方

教員は授業のコツがわかる

この本では、主に学校の先生たちに向けて、授業にアクティブラーニングをとり入れるためのコツを紹介しています。

授業で最初に見直すポイントから、グループワークの基本的な設定、子どもたちの対話をうながすテクニック、集団が苦手な子に対するフォロー、新しい授業の評価基準、校内でのチームワークのつくり方まで、さまざまなテーマをとり上げました。

先生たちが直面しやすい悩みとその対応法という形でまとめてあるので、いまの悩みに当てはまるページを読み、その内容を参考にしてみてください。

先生はここを読もう！

アクティブラーニング型授業をはじめたときに起こりやすい悩みごとを紹介しています。

悩みのあとには必ず対応法も入っています。気になる項目を読んでみてください。

対応法のページでは実践のコツや具体的な話し方などを、イラストをまじえて解説しています。

校長などの管理職は現場との接し方がわかる

新しい授業をつくるのは現場の先生ですが、校長や教頭などの管理職がそれをバックアップすることも大切です。この本ではそのコツも紹介しました。

この本を読めば、先生たちへの指示の出し方や、校内委員会の役割、現場に必要なサポートがわかります。管理職のみなさんも、ぜひ参考にしてください。

保護者や関係者への説明にも使える

アクティブラーニングの導入が進めば、子どもの学び方が変わります。その変化について、保護者や教育関係者から学校へ問い合わせがくることもあるでしょう。

そのとき、この本を使えばアクティブラーニングの概要をわかりやすく説明できます。説明用の資料としても、活用してください。

管理職はここを読もう！

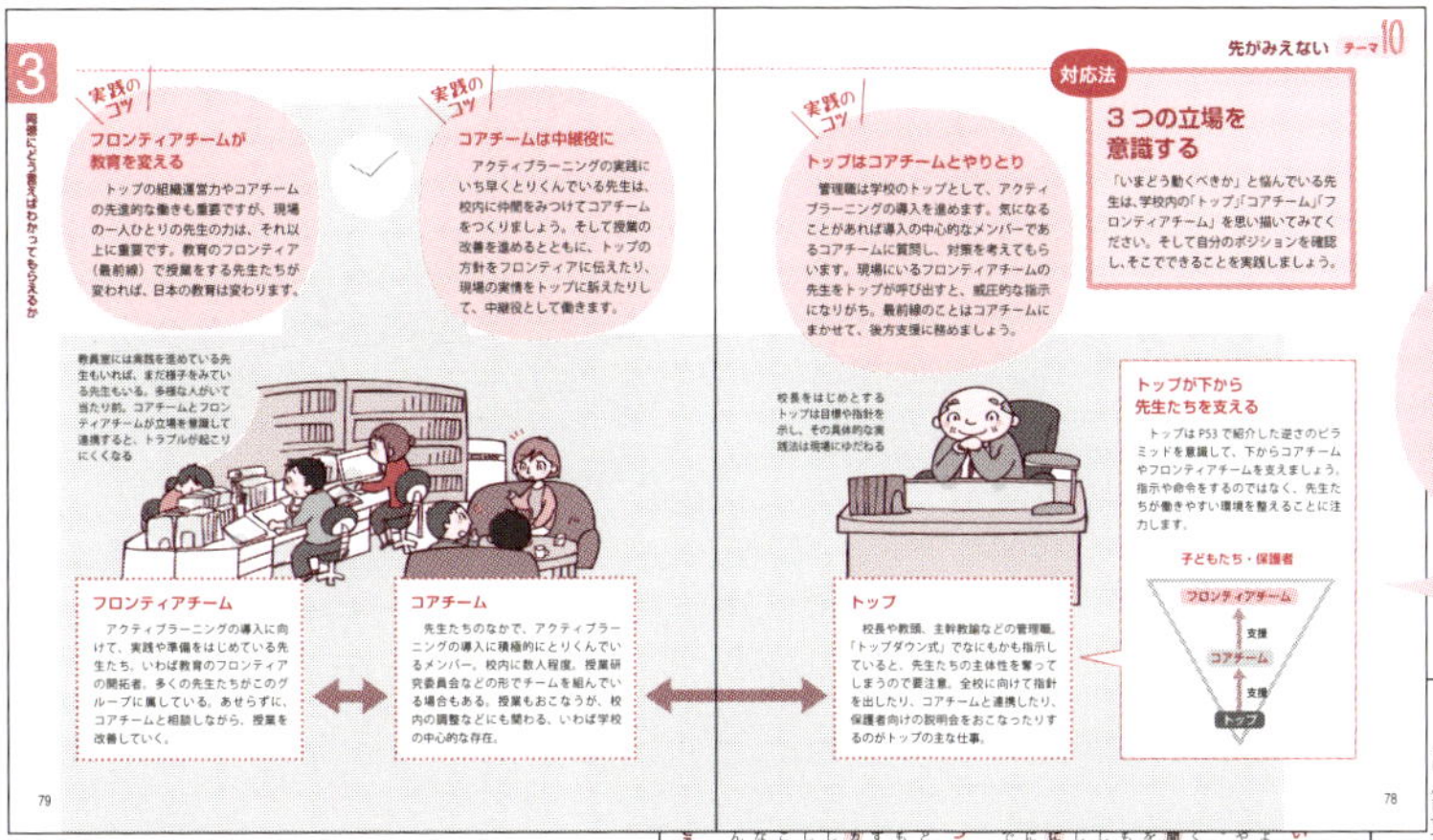

3

同僚にどう言えばわかってもらえるか

実践のコツ

フロンティアチームが教育を変える

トップの組織運営力やコアチームの先進的な働きも重要ですが、現場の一人ひとりの先生の力は、それ以上に重要です。教育のフロンティア（最前線）で授業をする先生たちが変われば、日本の教育は変わります。

実践のコツ

コアチームは中継役に

アクティブラーニングの実践にいち早くとりくんでいる先生は、校内に仲間をみつけてコアチームをつくりましょう。そして授業の改善を進めるとともに、トップの方針をフロンティアに伝えたり、現場の実情をトップに訴えたりして、中継役として働きます。

教員室には実践を進めている先生もいれば、まだ様子をみている先生もいる。多様な人がいて当たり前。コアチームとフロンティアチームが立場を意識して連携すると、トラブルが起こりにくくなる

フロンティアチーム

アクティブラーニングの導入に向けて、実践や準備をはじめている先生たち。いわば教育のフロンティアの開拓者。多くの先生たちがこのグループに属している。あせらずに、コアチームと相談しながら、授業を改善していく。

コアチーム

先生たちのなかで、アクティブラーニングの導入に積極的にとりくんでいるメンバー。校内に数人程度。授業研究委員会などの形でチームを組んでいる場合もある。授業もおこなうが、校内の調整などにも関わる、いわば学校の中心的な存在。

79

先がみえない　テーマ10

対応法

3つの立場を意識する

「いまどう動くべきか」と悩んでいる先生は、学校内の「トップ」「コアチーム」「フロンティアチーム」を思い描いてみてください。そして自分のポジションを確認し、そこでできることを実践しましょう。

実践のコツ

トップはコアチームとやりとり

管理職は学校のトップとして、アクティブラーニングの導入を進めます。気になることがあれば導入の中心的なメンバーであるコアチームに質問し、対策を考えてもらいます。現場にいるフロンティアチームの先生をトップが呼び出すと、威圧的な指示になりがち。最前線のことはコアチームにまかせて、後方支援に務めましょう。

校長をはじめとするトップは目標や指針を示し、その具体的な実践法は現場にゆだねる

トップが下から先生たちを支える

トップはP53で紹介した逆さのピラミッドを意識して、下からコアチームやフロンティアチームを支えましょう。指示や命令をするのではなく、先生たちが働きやすい環境を整えることに注力します。

子どもたち・保護者

フロンティアチーム

支援

コアチーム

支援

トップ

トップ

校長や教頭、主幹教諭などの管理職。「トップダウン式」でなにもかも指示していると、先生たちの主体性を奪ってしまうので要注意。全校に向けて指針を出したり、コアチームと連携したり、保護者向けの説明会をおこなったりするのがトップの主な仕事。

78

第３章で校内連携のヒントを紹介しています。管理職にも役立つ内容です。授業をする先生たちとの関わり方がよくわかります。

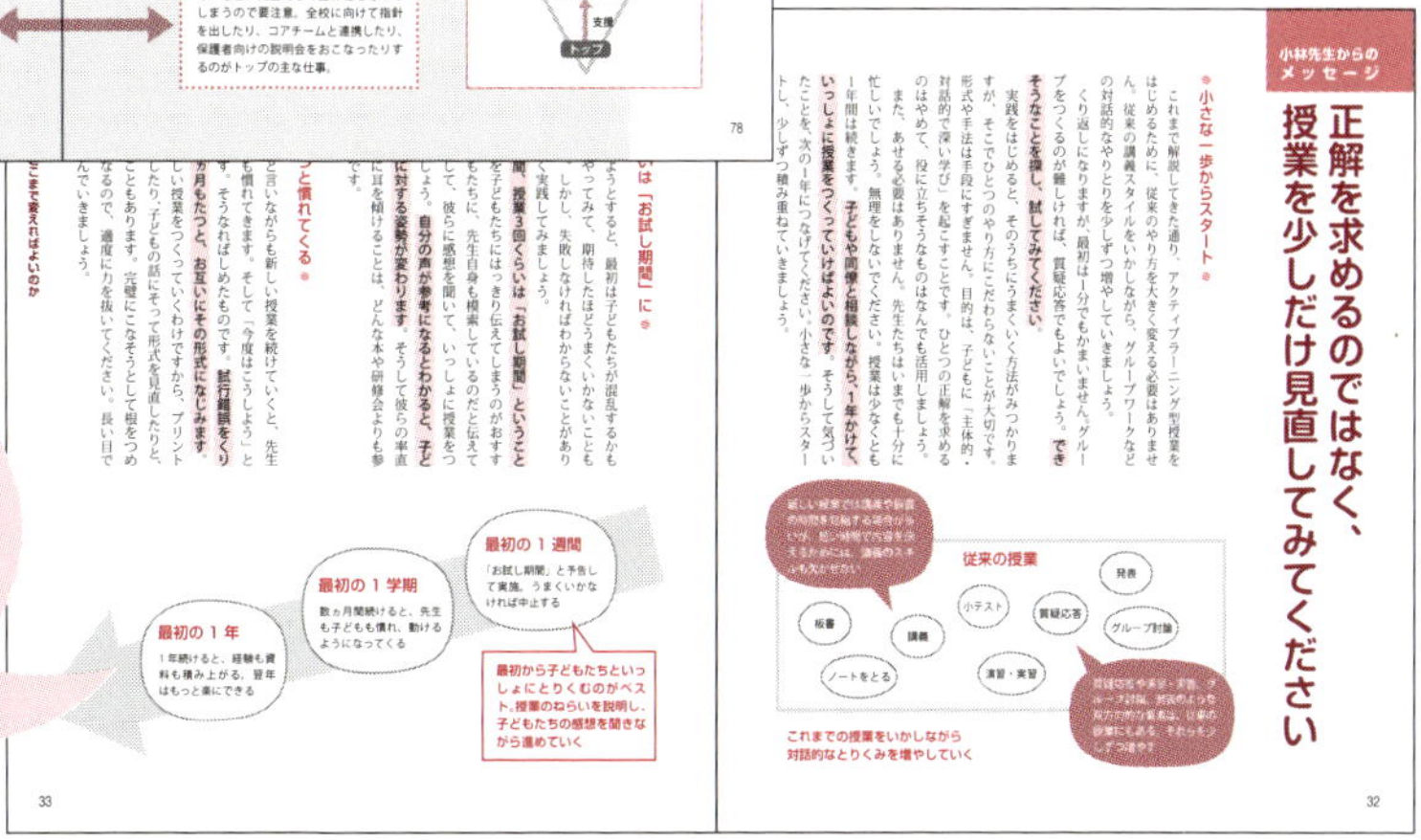

小林先生からのメッセージ

正解を求めるのではなく、授業を少しだけ見直してみてください

小さな一歩からスタート

これまで解説してきた通り、アクティブラーニング型授業をはじめるために、従来のやり方を大きく変える必要はありません。従来の講義スタイルをいかしながら、グループワークなどの対話的なやりとりを少しずつ増やしていきましょう。

くり返しになりますが、最初は1分でもかまいません。グループをつくるのが難しければ、質疑応答でもよいでしょう。できそうなことを探し、試してみてください。

実践をはじめると、そのうちにうまくいく方法がみつかりますが、そこでひとつのやり方にこだわらないことが大切です。形式や手法は手段にすぎません。目的は、子どもに「主体的・対話的で深い学び」を起こすことです。ひとつの正解を求めるのはやめて、役に立ちそうなものはなんでも活用しましょう。

また、あせる必要はありません。先生たちはいまでも十分に忙しいでしょう。無理をしないでください。授業は少なくとも1年間は続きます。子どもや同僚と相談しながら、1年かけて、いっしょに授業をつくっていけばよいのです。そうして気づいたことを、次の1年につなげてください。小さな一歩からスタートし、少しずつ積み重ねていきましょう。

従来の授業

板書

講義

ノートをとる

小テスト

演習・実習

質疑応答

発表

グループ討論

これまでの授業をいかしながら対話的なとりくみを増やしていく

32

最初の１週間

「お試し期間」と予告して実施。うまくいかなければ中止する

最初の１学期

数ヵ月間続けると、先生も子どもも慣れ、動けるようになってくる

最初の１年

１年続けると、経験も資料も積み上がる。翌年はもっと楽にできる

最初から子どもたちといっしょにとりくむのがベスト。授業のねらいを説明し、子どもたちの感想を聞きながら進めていく

33

メッセージのページでは、アクティブラーニング導入のヒントをくわしく解説しています。ここを読むだけでも、要点がつかめます。参考にしてください。

知っておきたい！
「アクティブラーニング」の基本

アクティブラーニングは子どもがすること

「アクティブラーニング」とは「主体的・対話的で深い学び」のこと。これは学習をさす言葉で、そのように学ぶのは、先生ではなく子どもです。

先生がするのはアクティブラーニング型授業

アクティブラーニングが起きる授業を「アクティブラーニング型授業」といいます。先生たちが求められているのは、そのような授業をすることです。

アクティブラーニング型授業の例（65分授業の場合）

講義（学習内容の説明）

アクティブラーニング型授業の例を紹介します。まず、講義をおこないます。先生は授業の「態度目標」と「内容目標」を示してから、その日の学習内容を簡潔に説明。時間を15分程度に短縮できると、次の問題演習をじっくりとおこなえます。

15分

子どもたちのグループワーク

アクティブラーニング型授業の手法のひとつが、グループワークです。子どもたちが数人で同じ課題にとりくみます。課題や人数などに決まりはありません。「主体的・対話的で深い学び」が起きることが重要で、この本の例では、そのために子どもたちがしゃべったり立ち歩いたりします。

あと２分。
順調ですか？
そろそろ話し合いに
入りましたか？

先生は

目標を示す

「ほかの子に質問する」「立ち歩く」など、ワークの目標を示す。それがルールにもなり、子どもたちが安心してとりくめる

質問する

ワーク中の子どもたちに「協力できていますか」などと質問。子どもが自分で学び方に気づくようにサポートする

時間を守る

所要時間を具体的に示し、途中経過も伝えたうえで、しめきりを守る。そうすることで子どもたちの課題への集中を補う

問題演習

短時間の講義を終えたら、次は問題演習です。子どもたちがグループワークにとりくみ、先生はその様子をみてまわります。教えることはあえてひかえ、質問を投げかけることで、子どもたちの「主体的・対話的な学び」をうながします。

35分

振り返り

演習後に振り返りの時間をもうけます。先生が演習問題から数問を「確認テスト」として再度出題。子どもたちは今度は各自でとりくみ、理解度を自分で確かめます。テストのあとには目標達成度も、子どもが自分で確認します。それによって「深い学び」をうながします。

15分

※この基本形は監修者・小林昭文の実践例です。正解や見本というわけではありません。
例をヒントにして、みなさんそれぞれの授業をつくっていってください。

なぜアクティブラーニングがうまく導入できないのか

1

　各地の学校で、アクティブラーニングの導入が進んでいます。これは文部科学省が提唱している新しい学び方で、「主体的・対話的で深い学び」のことです。先生たちは授業で子どもにそのような学びを起こそうとしています。

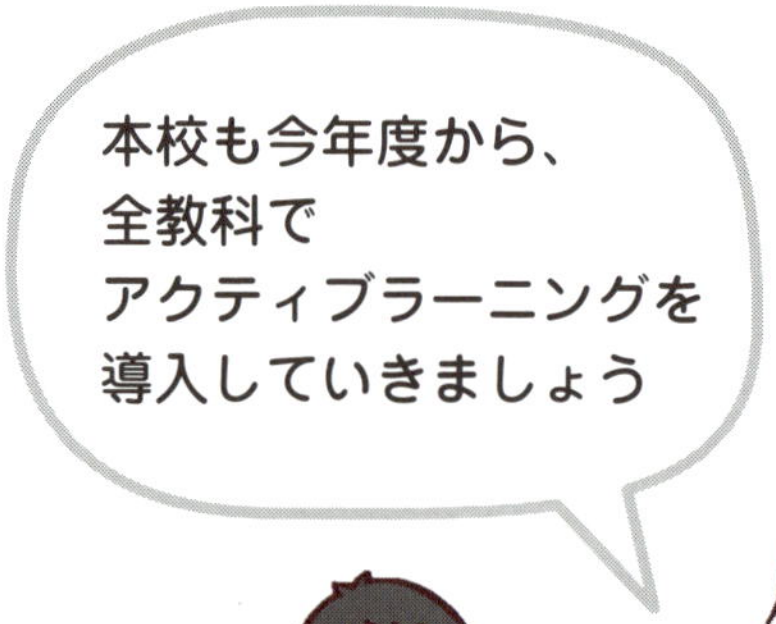
本校も今年度から、
全教科で
アクティブラーニングを
導入していきましょう

2

　校長が会議で授業の改善を呼びかけ、全校で導入にとりくんでいる学校もあります。しかし、どのような授業が新しい学びにつながるか、具体的な方法が示されず、困惑している先生も多いようです。

▶▶▶ 新しい授業の全体像は第 1 章へ

3

なかには、アクティブラーニングを各種資料や研修会で学び、実践している先生もいます。ただ、対話的な学びをめざしたのに雑談の時間になってしまうなど、失敗例もよく聞きます。

▶▶▶ 子どもたちの学びをうながす方法は第2章へ

4

新しい学びをとり入れるのは重要なことですが、授業を大きく変えたために、同僚や保護者から心配されたり、批判を受けたりしている先生もいます。校内での連携にも課題があります。

▶▶▶ 同僚とのチームワークは第3章へ

5

導入が進みはじめたとはいえ、まだ課題は山積み。うまくできなくて当たり前です。現場の先生たちは、最初から成功させなければならないと思わないで、無理せずじっくりとりくんでいってください。

今日は子どもたちが話し合いに集中していたよ
一歩前進ですね

アクティブラーニングを導入するために、授業のどこを変え、子どもにどう声をかけ、同僚とどんなふうに協力すればよいのか。本書にそのヒントがちりばめられています。ぜひ参考にしてください。

6

「主体的・対話的で深い学び」を起こすために、先生になにができるのか。これはすぐに結論の出せることではありません。授業の改善をしながら、じっくりと考えていきましょう。

▶▶▶ アクティブラーニングを考えるヒントは第4章へ

1 授業をどこまで変えればよいのか

アクティブラーニングを導入するためには、
授業を変える必要があります。
しかし、変えるといっても、
いままでの授業をすべて否定するような変化ではありません。
従来の授業をいかしながら、
その横に新しい授業をつけたすようなイメージです。
じつはそんなに難しいことではないのです。

少し工夫するだけで
変わるんだな

ストーリー

導入への一歩が踏み出せないA先生

1

A 先生は 40 代の男性教員。高校で世界史を教えています。もうキャリアは 20 年以上で、授業のスタイルをしっかりと確立。彼の講義は子どもからも同僚からも「わかりやすい」と言われ、校内で高く評価されています。

高校でのアクティブラーニングですって。あなたも関係あるの？
トピック！アクティブラーニングの試み

文部科学省の発表やテレビなどの報道で、アクティブラーニングのことはよく知っている

2

ところが、アクティブラーニングの導入が話題になりはじめ、A 先生も学校から、講義の時間を減らすなどの見直しを呼びかけられました。A 先生は、その声に強く反対したいわけではないのですが、授業を変える必要性は、感じていませんでした。

3 いまはまだ、学校から授業の改善を強く求められているわけではありません。そのため、A 先生はひとまず従来の授業を続けています。先々のことを考えればアクティブラーニングを導入したほうがよい気もするのですが、自分の授業を変えたいとは思えないのです。

子どもたちは講義を集中して聞き、小テストにも熱心にとりくんでいる。改善の必要はないように思える

4 それに、A 先生には授業以外にも多くの仕事があります。生徒指導やさまざまな書類の処理、部活動の顧問、校内研修の分担などを授業の合間にこなしていて、とても新しいことをはじめる余裕はありません。

テストの採点と次の授業の準備で、夜遅くまで仕事をすることも珍しくない

どうすればいい？

A 先生のように自分の授業を確立している先生にも、アクティブラーニングの導入は必要です。とはいえ、その授業を**大きく変える必要はありません。**講義を少し短縮し、その時間を使って子どもの**対話的な活動**をつくりましょう。ポイントは**準備に時間をかけないこと。**できることから、少しずつ変えていってください。

テーマ1～テーマ3へ

テーマ 1 方法がわからない

「なにをすればいいのか、わからない」という声をよく聞きます。先生たちの間で、新しい授業のイメージが明確になっていないようです。

よくある悩み

実験のない教科だから、アクティブにならない

実験などのグループワークを設定しやすい教科と、そうではない教科があり、後者の授業ではアクティブラーニングを導入しにくいという指摘がよくあります。国語や算数（数学）、社会など、実験のない教科にはアクティブラーニングは向かないのでしょうか。

国語や算数（数学）など、グループワークを設定しにくい教科もある。授業を全面的に変更するのは難しい

体育や音楽、技術・家庭などでは、もともと子どもたちがよく動き、よく話している。十分にアクティブで改善の余地がない

理科の実験ではアクティブラーニングを導入できたが、それ以外の日は難しいので、通常の講義をしている

理科の授業を見学し、実験で子どもたちが活発に動く姿をみても、それを自分の教科にとり入れる方法がわからない

よくある悩み

講義を短縮しようにも、減らせる部分がない

高校の国語や地理歴史など、受験をみすえて講義をみっちりとおこなっている教科の先生たちは、説明を短縮することができず、授業で新しいことにとりくむ余裕がないと言います。講義を減らすために、なにをすればよいのでしょうか。

毎日、授業が終わる時間いっぱいまで講義をして、ようやく教科書の内容を教えきるような状態。グループワークにさく時間がない

よくある悩み

いろいろな手法があって、正解がわからない

アクティブラーニングの導入について、文部科学省は具体的な手順をとくに示していません。そのため、研修会や資料などではさまざまな手法が紹介されています。どこから手をつければよいのか、判断できないという先生もいるでしょう。

グループワーク

〇〇法などの特別な手法

ディスカッション

いろいろな手法があるが、名称も定義もさまざまで、どれが正解かわかりにくい

対応法は P18・20 へ

「アクティブ」が抽象的でわかりにくい

文部科学省はアクティブラーニングの導入に関連する発表*のなかで、重要なのは「主体的・対話的で深い学び」の実現をめざすことだとしています。そして、そのような考え方をアクティブラーニングの視点だと表現しました。

そうして全体的な方針は示されたものの、授業の具体的なつくり方については、基本的には現場の先生たちにゆだねられています。そのせいか、先生たちの間で、授業の具体的な手法や形式に関する悩みが増えているようです。

新しい授業にはどのような手法や形式をとり入れるのか。まず、そこから考えていきましょう。

＊文部科学省・中央教育審議会「幼稚園、小学校、中学校、高等学校及び特別支援学校の学習指導要領等の改善及び必要な方策等について（答申）」（平成28年12月21日）

対応法

正解はないので気軽にとり入れてよい

授業改善のアイデアとして、さまざまな形式や手法、考え方が紹介されていますが、とくに正解はありません。子どものアクティブラーニングにつながりそうで、自分の授業に合うものがあれば、気軽にとり入れてみましょう。

実践のコツ

形式や手法にこだわらない

実験や実習、特別な手法を活用するのもよいのですが、ひとつの型に頼りすぎると、それが合わない子どもや内容に対応できません。形式や手法にこだわらず、試行錯誤することが大切です。

実験や実習ができなければ、グループで問題にとりくむ形式や、調べ学習を中心とした話し合いなどをとり入れるとよい

英文の和訳問題にグループでとりくむ授業。ただ訳すのではなく「なぜその訳にしたのか」を話し合わせる。苦手な子には電子辞書などの使用を許可するのもよい

導入できない教科はない

理科や体育などの教科で実習をおこなえば、確かに子どもたちは手を動かし、よく話し合います。しかし、その動きがすべて先生の指示通りのときには、子どもは主体的に学んでいません。

大切なのは、子どもを動かすことではなく、子どもが自ら考えたり、人と話し合ったりして、ものごとを深く学ぶこと。それは実験や実習のない教科でも、工夫しだいで実現できることです。

1 授業をどこまで変えればよいのか

今日から授業で
グループワークをやってみましょう。
3回実施してみて、
うまくいかなかったら
やめます。どうですか？

(板書)アクティブラーニング　授業の進め方

新しい授業を一方的に押しつけるのではなく、試してみて、子どもたちの反応をみながらとり入れていく

たとえばこんな話し方で

- 先生もこの形式ははじめてなので、調整しながらやっていきます。みんなも気づいたことがあれば教えてください
- 最後に授業を振り返るカードを配ります。授業の感想を書いてもいいですよ
- 問題の数や難しさはどうでしたか？　今日の問題に協力してとりくめましたか？

実践のコツ

子どもや同僚と話しながら

どうやって授業を変えればよいのかわからないというときには、まず自分なりのやり方を試してみて、その授業について、子どもや同僚の感想を聞いてみましょう。人の話を聞くと、みえてくることがあります。

学校の同僚に協力してもらう。どのような課題が子どもの学びをうながしやすいか、先生どうしで相談するとよい

授業を受けた子どもたちに感想を聞いてみる。講義のわかりやすさや問題の難易度を確かめ、次の授業の参考にする

新しい授業なので、最初からうまくいくことは少ない。1回であきらめず、人の話も聞きながら気長にとりくむ

▶ P25・P33の図で1年間の見通しを立てるのもよい

対応法

話の「枝葉」を切れば講義は短くなる

先生が一方的に語り続ける時間を減らし、子どもたちが主体的・対話的に学ぶ時間を増やすと、アクティブラーニングが起こりやすくなります。講義から余談や体験談といった「枝葉」を減らし、短時間で説明できるように、練習しましょう。

実践のコツ

余談や体験談をけずる

講義の時間を減らすことは、1000文字の文章を400文字に短縮することに似ています。文章をけずるときと同じように、余談や体験談などの「枝葉」をカットして内容を整理すれば、講義も短縮できます。

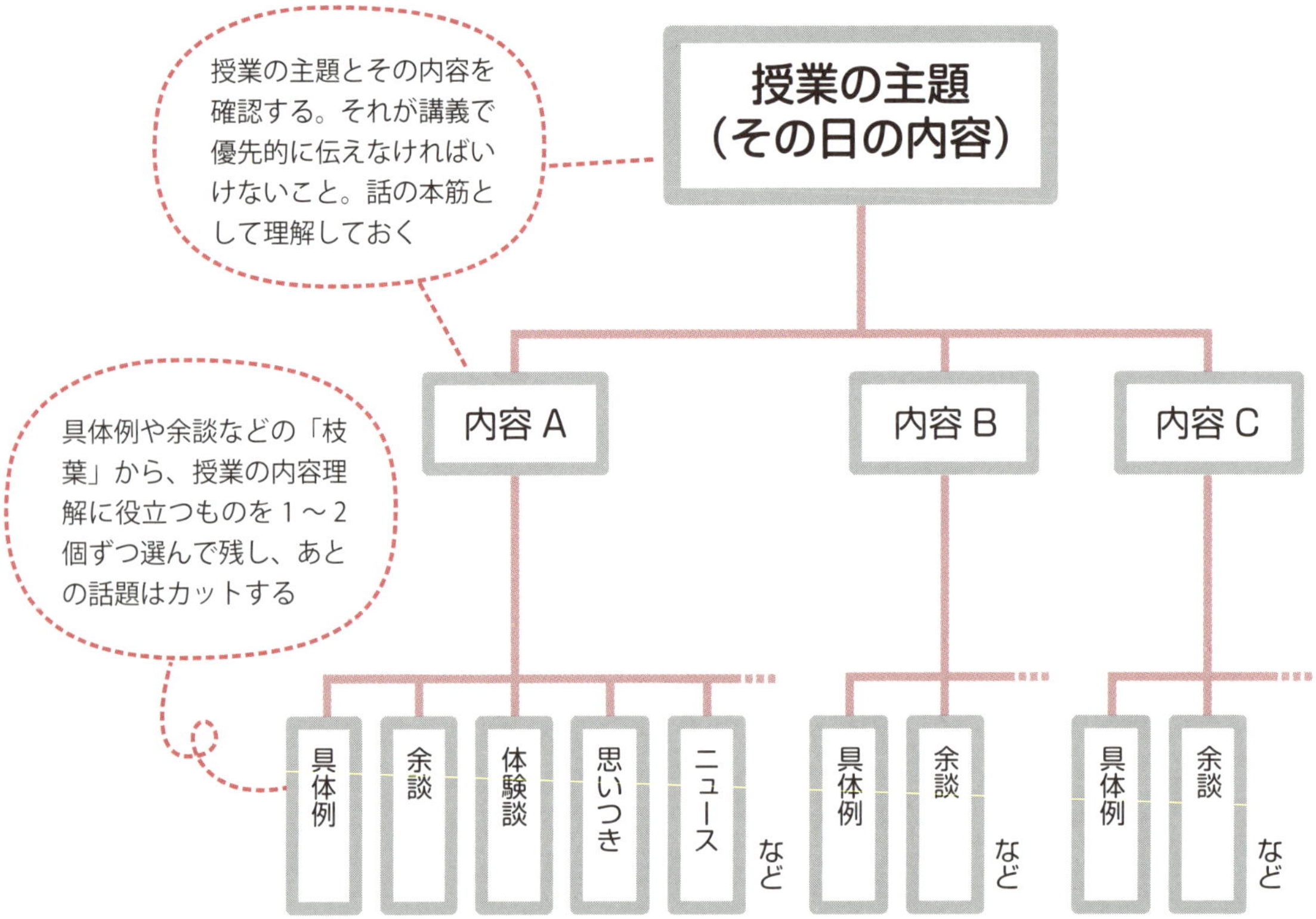
授業の主題
（その日の内容）
授業の主題とその内容を確認する。それが講義で優先的に伝えなければいけないこと。話の本筋として理解しておく
内容A
内容B
内容C
具体例や余談などの「枝葉」から、授業の内容理解に役立つものを1～2個ずつ選んで残し、あとの話題はカットする
具体例
余談
体験談
思いつき
ニュース
など
具体例
余談
など
具体例
余談
など

温度目盛りと絶対温度

1. 温度
分子・原子の熱運動の
激しさを表す物理量。

2. 主な温度計は3つ。
・セルシウス温度（セ氏温度）℃
・絶対温度K
・（カ氏温度）℉

・大事なのは絶対温度
・[K]（ケルビン）

絶対温度　セ氏温度

$$T = t + 273$$

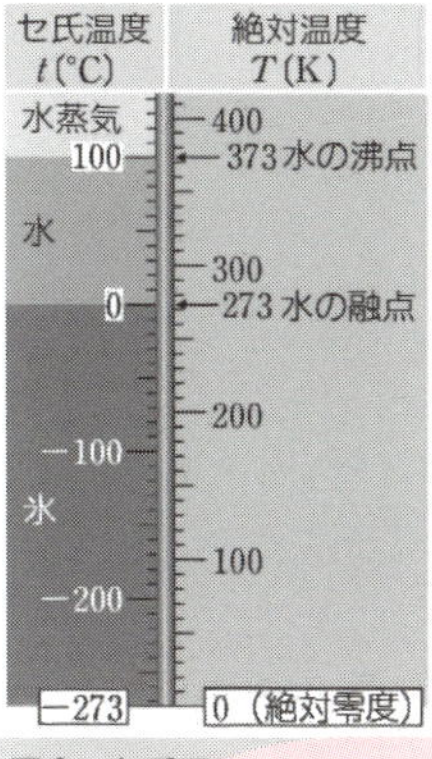

図2　セ氏温…

物理の講義プリントの例。余談などは書いていない。講義ではここで温度の概要だけ説明する。絶対温度を求める公式は読めばわかるので、くわしく説明しない

実践のコツ

短く話すための練習をする

余談などの短縮を意識しながら、講義のリハーサルをしてみましょう。授業１回分の内容を何分で説明するか、目標を立てて練習します。慣れてきたら、説明をさらに縮め、子どもたちの対話をうながすポイントにしていきます。

まずは数分の短縮をめざして練習。スマートフォンなどで自分の話を録音し、時間をはかるとよい。そうして短縮した時間をグループワークなどの活動に使う

余談などをけずることに慣れてきたら、次は内容の短縮。教科書をみればわかることは省略する。子どもたちが自分で読んだり調べたりすることをうながす

省略した部分を問題にしてグループワークを設定する。子どもたちは問題にとりくみながら自分で教科書を調べ、主体的に学習するようになっていく

講義後の練習問題の例。絶対温度の公式を使う問題が登場している。子どもたちはくわしく説明されていないので、調べたり話したりしながらとりくむ

理 I 練習問題（熱と温度）　　　2 年（　　）組（　　）番　名前（　　　　　　）

15 ℃は何 K か。また、300 K は何 ℃か。

[2] 比熱 0.39 J/(g・K) の銅 20 g の温度を、20 ℃から 70 ℃まで上げるのに必要な熱量 Q [J] を求めよ。

…温まりやすい物質、冷めにくい物質、冷めやすい物質、これらの…質はどれか。

[4] 90 ℃の湯 100 g と 10 ℃の水 300 g とを混ぜると何 ℃になるか。

[5]（チャレンジ問題）100 ℃に熱した 200 g の鉄製の容器に 10 ℃の水 50 g を入れた。熱平衡になったときの温度 t [℃] を求めよ。ただし、熱は容器と水の間だけで移動し、鉄の比熱を 0.45 J/(g・K)、水の比熱を 4.2 J/(g・K) とする。

プリントと練習問題の例は『物理Ⅰ　改訂版』（啓林館）、『改訂版　物理Ⅰ』『改訂版　リードα物理Ⅰ』『改訂版　トライアル物理Ⅰ』（いずれも数研出版）をもとに作成されたもの

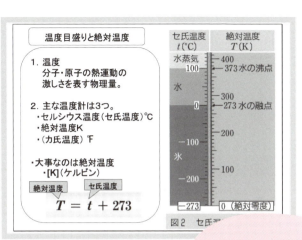

テーマ

2 忙しくてできない

新しい授業にとりくみたい気持ちはあっても、現実的には忙しくて実践できていないという先生が多いようです。

よくある悩み

1年に何回、新しい授業をすればよいのか

アクティブラーニングを導入する回数や時間も、先生たちにとって、悩みの種になっているようです。ときどき実践する程度でよいのか、それとも今後は授業が毎回、アクティブラーニング型でなければいけないのか。どちらでしょう。

1学期に1回できればいいほうですよね
講義を減らすといっても限度がある。グループワークができるくらいに時間的な余裕があるのは年に数回程度
先生どうしで話し合ってみると、毎回実践しているという人はまだ少ないが、それでよいのだろうか
年間の授業計画があるので、急に実施を求められてもできない。年度がはじまる前に回数や時間を定めてほしい
まわりの先生の様子をみながら、できる範囲で実施している。毎回おこなうことになってしまったら厳しい

よくある悩み

問題作成、プリントの準備に時間がかかりすぎる

子どもたちの対話などをうながすためには、その目的に合った問題を設定しなければいけません。また、プリントや道具などの準備も必要です。手間や時間がかかりすぎて、実施は難しいという声もあります。

問題を用意するだけでも大変なので、解答用紙を回収し、採点するとなると、作業がとても追いつかない
「話がはずむ内容」で「全員がわかること」などと丁寧に考えると、問題の設定だけで何時間もかかってしまうこともある
子どもたちが積極的に話し合えるような問題が、毎回簡単に用意できるわけではない。設定に手間がかかることが多い
手間をかけずに準備することもできるが、単純な穴埋め問題などになり、子どもたちが活発に動いたり話したりしない

対応法は P24・26 へ

先生たちはいまでも超多忙な状態

いま学校の先生たちは、自分に割り当てられた授業をおこなうことに加え、生徒指導や部活動の顧問、各種書類の作成、個人情報の管理、外部研修の受講など、多種多様な仕事を求められています。

目の前の仕事をこなすだけでも時間がたりないというくらい、「超多忙」な状態なのです。

忙しいなかでなにができるのか

それほどの忙しさのなかで、先生たちはどうすればアクティブラーニングをとり入れ、新しい授業を実践できるのでしょうか。

その答えはシンプルです。無理をしないこと。手のかかることをさけ、できる範囲でとりくんでいくこと。それに尽きます。授業を大きく変えようと意気込まず、最初は1分からはじめましょう。

対応法

1分でも実践できればよい、準備も手抜きでかまわない

新しい授業の実践は、何回でも何分でもかまいません。最初は1分でもよいので、とにかくとりくんでみてください。実践して、効果を確かめながら進めていきましょう。また、準備にも時間をかける必要はありません。適度に手を抜いてください。

実践のコツ

準備には制限時間をつくる

1回の授業で準備は最長1時間としましょう。問題は教科書や問題集から借用し、手をかけずにまとめます。問題がシンプルでも、21ページで解説したように説明を省略しておけば、対話の起こりやすい課題になります。

仕事を一定の時間で終わらせ、そのあとはリラックス。そうしてストレス解消も心がける

問題設定やプリント作成など、事務的な作業は1時間以内で終わらせる。終わらなかったら、ひとまず従来の授業をする

問題は教科書や問題集のものをそのまま使用する。インターネットを使うと調べ物が増えるので、あえて利用しない

問題づくりに手間をかけるよりも、授業中の働きかけを工夫。問題の解き方を子どもに質問したりして、対話をうながす

ホテル職員の上手な手抜き

ホテルの朝食がバイキング形式の場合、朝早くから多くの食べ物が並びますが、その一部にはレトルト食品が活用されているそうです。たとえばスクランブルエッグは、分量が増えれば調理に大変な手間がかかるため、調理済みのものが使われることもあるのです。

調理の手間をはぶいた分、職員は宿泊客への対応に集中でき、結果としてサービスの質は高まります。そのような「上手な手抜き」を心がけたいものです。

実践のコツ

最初は１分間のペアワークから

新しい授業といっても、なにもかも新しくする必要はありません。従来の授業をおこないながら、少しずつ、対話などをうながしていきましょう。はじめて実践する先生は、まず１分間のペアワークをおこなってみてください。

子どもたちに隣どうしで１分間話し合ってもらう。テーマは「今日の内容について知っていること」など、簡単なものでよい

２人１組でおこなうペアワークは座席を動かさずに実践できるので、とりくみやすい。従来の授業のなかで気軽に実施できる

ペアワークの時間を少しずつ増やし、グループで問題にとりくむ形にもチャレンジ。また、学びを振り返る時間ももうける

たとえば全体の 20％を目標に

授業改善にとりくむ先生は、年間の授業のうち、まず 20％をアクティブラーニング型にできるよう、目標を立ててみてください。ワークを１回にまとめても、毎回少しずつおこなってもかまいません。20％を達成したら、それで満足せず、さらに授業を見直していきましょう。

パターン A　5 回に 1 回、グループワークをおこなう。ほかの 4 回は従来の授業に

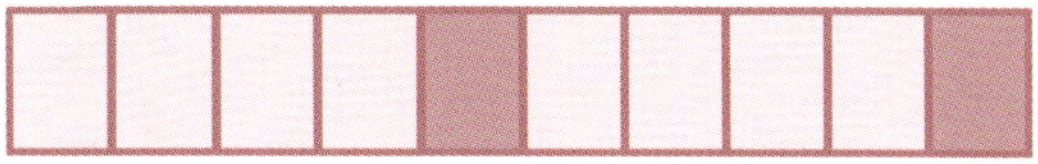

パターン B　50 分授業のラスト 10 分を毎回、ワークや振り返りの時間にする

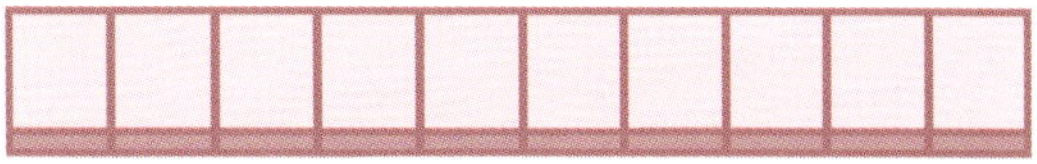

※本書では話し合いや調べ学習など、子どもがおこなうことを広く「ワーク」と位置づけ、2 人 1 組のワークを「ペアワーク」、3 人以上でおこなうワークを「グループワーク」として解説していますが、厳密に定義しているわけではありません。

対応法

予習や復習、宿題を子どもたちに求めない

講義で基礎を説明し、グループワークで複数の問題にとりくませれば、子どもたちは授業の内容を十分に理解していきます。それ以上の予習や復習、宿題までおこなうと先生の手間も子どもの負担も増えるので、さけましょう。

実践のコツ

予習・復習を求めない

講義の時間を減らした分、子どもたちに予習・復習を求め、内容の理解を補おうとする先生もいますが、それはできればさけたいところです。子どもの負担が増え、主体的な学びが起こりにくくなるためです。

内容の理解を補うプリントは配るが、その使い方はとくに指示しない

毎回の授業で次回分のプリントを配っておくと、予習にも復習にも使えるものになる。プリントを用意できない場合は、教科書の該当箇所を示すのもよい

↓

子どもたちがプリントを使って予習・復習をしてもしなくても、先生はそれをとくに評価しない。各自のペースにまかせる

子どもは自主的に予習・復習する

先生が指示をしなくても、子どもたちは予習・復習をしたいと思えば、自主的にそうします。

たとえば、彼らは余裕のあるときにはプリントを読んできたりします。するとグループワークに貢献でき、友達に感謝されたりします。その喜びが、彼らの予習・復習へのモチベーションになることもあります。先生はそのやりとりを見守っていきましょう。

実践のコツ

宿題は出さず、授業で済ませる

予習・復習と同様に、宿題も出す必要はありません。授業中のグループワークで問題を用意すれば、十分です。いまの社会では先生が忙しいのと同じで、子どもたちも多忙です。子どもの負担を過度に増やすことはさけましょう。

授業でしっかりと学んでおけば、帰宅後はリラックスできる。それが子どもの授業へのモチベーションにもなる

管理職向けアドバイス

じつは設備投資がけっこう重要

講義をまとめたプリントや、グループワークの問題用紙、その解答用紙など、さまざまな印刷物を十分に用意できれば、授業の改善もその分スムーズに進みます。

しかし現場では印刷用紙やパソコンの使用に制限がかかってしまうなど、設備環境面の課題が多々あるようです。その点は、管理職のがんばりどころです。アクティブラーニングの導入を進めたい管理職は、設備環境面の見直しにも積極的にとりくんでください。

設備環境面の課題

- 用紙の使用枚数に制限があり、グループワークを毎回おこなうことができない
- パソコンの台数が不足していて、プリントを準備する時間が十分にとれない
- プロジェクターが使えないので、プリントと同じ内容をいちいち板書している

テーマ

3 変えたいと思えない

アクティブラーニング型授業の例を見聞きしたときに、それを自分の授業にとり入れる必要性を感じないという先生もいるようです。

よくある悩み

これまで築き上げてきた授業を否定されるようでつらい

アクティブラーニング型授業の例として、講義を減らし、子どもどうしのワークを増やした形がよく紹介されます。講義に力を入れてきた先生のなかには、これまでの授業を否定されたように受け止め、不満や苦痛を感じる人もいます。

わかりやすく説明し、重要なポイントを示して、子どもたちに書きとらせる。その形を崩す気になれない

しっかりと時間をとり、順を追って説明するからこそ、基礎が伝わる。それを省略するのは怠慢では？
子どもたちが話を聞いたり板書を写したりすることで、用語や公式などを覚えてきたという側面もある。それを否定するのはおかしい
講義の時間を減らせば、どこかにしわよせがいく。補習などをおこなう必要が出てくるかもしれない

講義形式の授業に不足がない

講義中心の授業をつくりこんできた先生のなかには、それを削減して新しい授業をつくることに納得できない人もいるようです。

子どもたちに教科書の内容をわかりやすく伝えることが十分にできていて、校内からも保護者からも不満の声があがっていなければ、そう感じるのも当然です。

そのスキルをいかして授業を改善していく

しかしアクティブラーニングの導入は、国が定めた方針です。納得できない部分を解消しながら、とり入れていきましょう。

ひとつ理解してほしいのが、新しい授業は従来の授業を否定するものではないということです。これまでに築き上げてきた講義のスキルをいかして、新しい授業をつくっていくことができます。

よくある悩み

もう50代でパソコンも苦手なので導入は難しい

授業を改善するためのアイデアとして、パソコンやタブレット機器、プロジェクターの活用例が紹介されることがあります。機器の操作が苦手な先生は、そうした例をみて、自分には難しいとりくみだと感じてしまうことがあるようです。

先生、
映っていないです
シーーーン…

機器を使った授業の例を教わったので実践してみたが、機器がうまく操作できず、あきらめた

すでに50代で、これまで機器を使ってこなかった。いまから新しいことにとりくむのは難しい

プロジェクターを使って板書を省略する方法を試したが、うまくいかなかった。かえって手がかかるため、その方法はとりやめた

対応法は P30 へ

対応法

いままでの授業を大きく変える必要はない

従来の授業とアクティブラーニング型授業を別々のものとして考えるのは誤解です。アクティブラーニング型授業は新しい授業とも呼ばれますが、いままでの授業を大きく変えるものではありません。

実践のコツ

従来の授業も大切に

内容をわかりやすく説明し、みやすい形に板書するという従来の授業のスキルが、新しい授業のベースとなります。それは大切なものです。これまでに培ってきたスキルを否定する必要はまったくありません。

講義形式は、新しい授業でもベースとなる。そこに新しい要素をつけたしていくイメージ

▶ P20を参考にして講義を適度に短縮する

質疑応答やグループ学習など、新しい授業の要素は、従来の授業にもあったもの。それを増やす

従来の授業を残したまま、その横に新しい授業を置くというイメージで考える

従来の授業
先生が教壇に立って、子どもたちに内容を説明し、板書するスタイル。子どもたちは話を集中して聞き、板書をノートに書き写す。知識を基礎から順序立てて理解することができる。
新しい授業
先生は講義を短時間で済ませたあと、教壇を降り、子どもたちに質問してまわる。子どもはほかの子と協力しながら課題にとりくむ。知識を主体的に使い、対話を通じて深く学ぶことができる。

これまでより幅広くさまざまな授業ができるようになる！

実践のコツ

機器を使わなくてもよい

パソコンなどの機器は便利なものです。しかし、それらを使わなくても、授業の改善は十分にできます。機器の操作に慣れていない人は、別の方法で講義や板書の短縮を考えてみましょう。

今日の授業の内容を貼ります。
プリントも配るから、書き写さなくても大丈夫ですよ

A4程度の用紙や大きな模造紙にあらかじめ内容を書いておく、手書きのプリントをコピーして配るなどの方法でも、授業を改善できる

教科書やノートを使って従来の授業をおこない、途中でペアワークなどを入れる形でも、アクティブラーニングは起きる

A4用紙などにその日の内容を書いておき、最初に貼り出す。それで板書を省略し、グループワークの時間をつくる

なぜ変えなくてはいけないのか

なぜ従来の授業のままではいけないのか。ひとつは国がそう定めたからですが、ほかにもさまざまな理由があります。

● **学習指導要領*に入るから**

文部科学省が平成28年度から順次、学習指導要領を改訂するといわれています。そのなかで、アクティブラーニングの導入が求められるとされています。

● **子どもの将来を考えて**

いま社会では、自ら動き、人と協力して働く人が必要とされています。アクティブラーニング型授業は、子どものそうした力を育てるものでもあります。

● **先生自身のためにも**

技術の発達によって、知識の活用や共有は容易になりました。これからは、知識に偏重しない教育が主流になるといわれています。いま教育観を見直すことは、先生にとっても重要です。

＊幼稚園・小学校・中学校が平成28年（2016年）度、高校が平成29年度の予定

正解を求めるのではなく、授業を少しだけ見直してみてください

小さな一歩からスタート

これまで解説してきた通り、アクティブラーニング型授業をはじめるために、従来のやり方を大きく変える必要はありません。従来の講義スタイルをいかしながら、グループワークなどの対話的なやりとりを少しずつ増やしていきましょう。

くり返しになりますが、最初は1分でもかまいません。グループをつくるのが難しければ、質疑応答でもよいでしょう。**できそうなことを探し、試してみてください**。

実践をはじめると、そのうちにうまくいく方法がみつかりますが、そこでひとつのやり方にこだわらないことが大切です。形式や手法は手段にすぎません。目的は、子どもに「主体的・対話的で深い学び」を起こすことです。ひとつの正解を求めるのはやめて、役に立ちそうなものはなんでも活用しましょう。

また、あせる必要はありません。先生たちはいまでも十分に忙しいでしょう。無理をしないでください。授業は少なくとも1年間は続きます。**子どもや同僚と相談しながら、1年かけて、いっしょに授業をつくっていけばよいのです**。そうして気づいたことを、次の1年につなげてください。小さな一歩からスタートし、少しずつ積み重ねていきましょう。

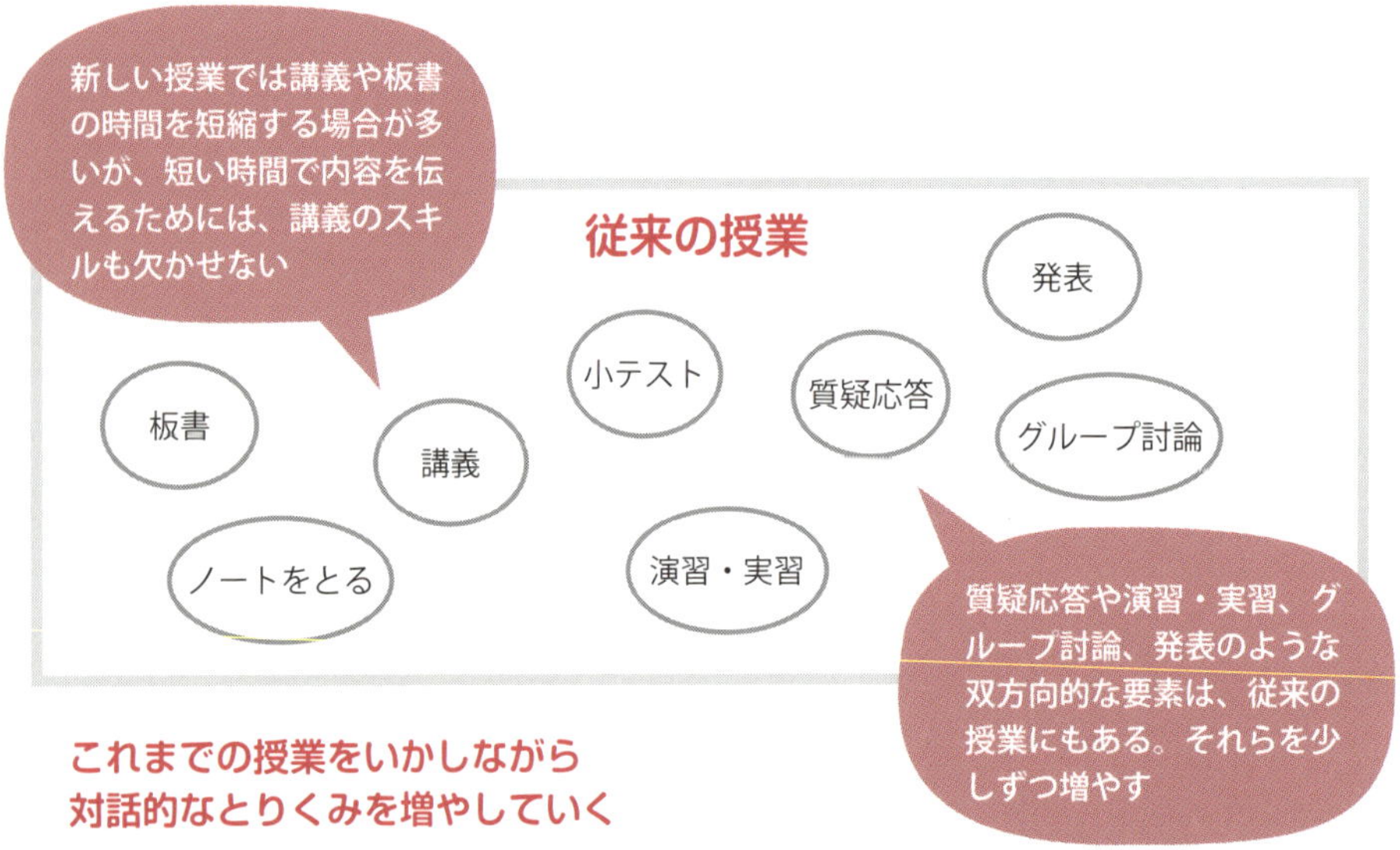
新しい授業では講義や板書の時間を短縮する場合が多いが、短い時間で内容を伝えるためには、講義のスキルも欠かせない
従来の授業
発表
小テスト
質疑応答
板書
講義
グループ討論
ノートをとる
演習・実習
質疑応答や演習・実習、グループ討論、発表のような双方向的な要素は、従来の授業にもある。それらを少しずつ増やす

これまでの授業をいかしながら
対話的なとりくみを増やしていく

●3回くらいは「お試し期間」に●

授業を変えようとすると、最初は子どもたちが混乱するかもしれません。やってみて、期待したほどうまくいかないこともあるでしょう。しかし、失敗しなければわからないことがあります。とにかく実践してみましょう。

最初の1週間、授業3回くらいは「お試し期間」ということにして、それを子どもたちにはっきり伝えてしまうのがおすすめです。子どもたちに、先生自身も模索しているのだと伝えてください。そして、彼らに感想を聞いて、いっしょに授業をつくっていきましょう。**自分の声が参考になるとわかると、子どもたちの授業に対する姿勢が変わります**。そうして彼らの率直な意見や提案に耳を傾けることは、どんな本や研修会よりも参考になるはずです。

●数ヵ月たつと慣れてくる●

お試し期間と言いながらも新しい授業を続けていくと、先生も子どもたちも慣れてきます。そして「今度はこうしよう」と考えはじめます。そうなればしめたものです。**試行錯誤をくり返しながら数ヵ月もたつと、お互いにその形式になじみます**。

ただし、新しい授業をつくっていくわけですから、プリントを新たに作成したり、子どもの話にそって形式を見直したりと、手間がかかることもあります。完璧にこなそうとして根をつめると続かなくなるので、適度に力を抜いてください。長い目でみて、とりくんでいきましょう。

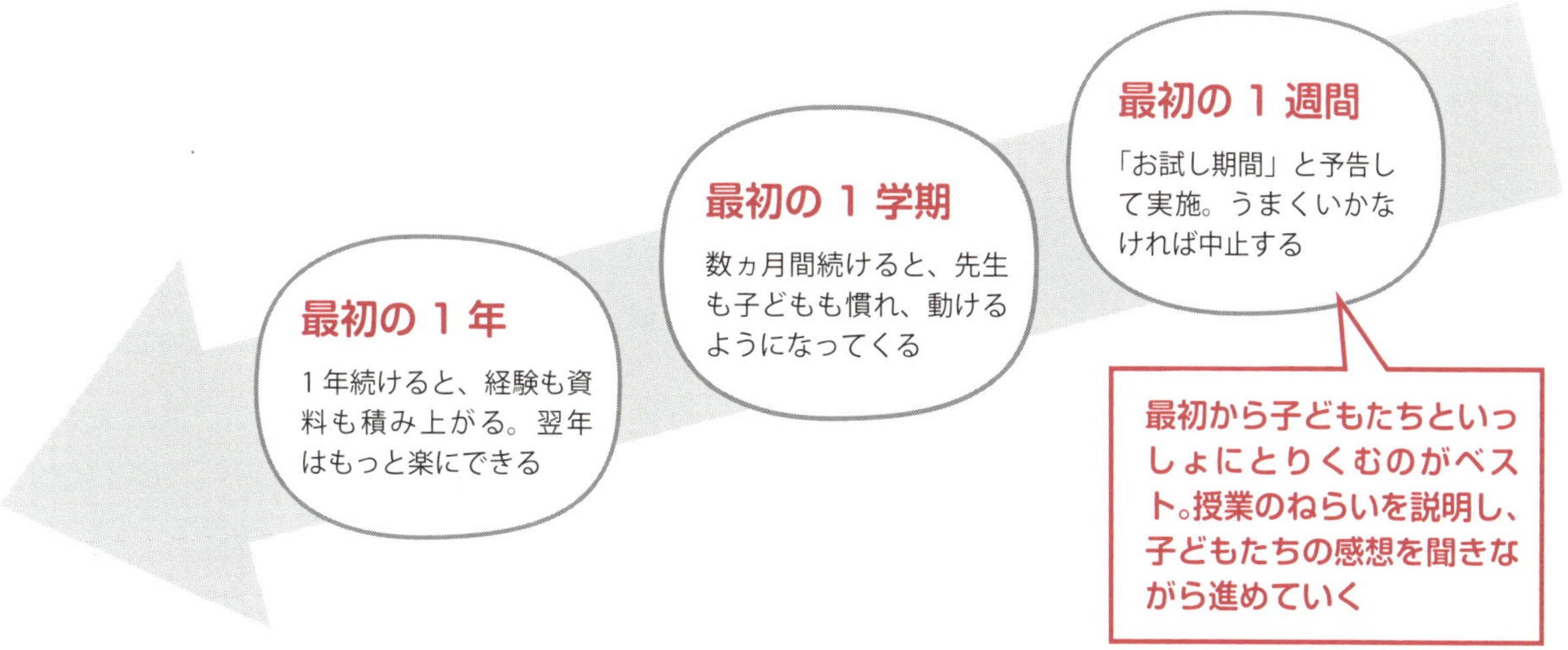
最初の 1 週間
「お試し期間」と予告して実施。うまくいかなければ中止する
最初から子どもたちといっしょにとりくむのがベスト。授業のねらいを説明し、子どもたちの感想を聞きながら進めていく
最初の 1 学期
数ヵ月間続けると、先生も子どもも慣れ、動けるようになってくる
最初の 1 年
1年続けると、経験も資料も積み上がる。翌年はもっと楽にできる

ベテランは講義のスキルをいかして

ベテランの先生のなかには、長年かけて確立してきた授業を変えることに抵抗がある人もいるかもしれません。しかし私は**ベテランにこそ、アクティブラーニングにとりくんでほしい**と思っています。なぜなら、ベテランは講義がうまいからです。

40代、50代の先生は教科の内容に対する理解が深く、それをわかりやすく説明する力も身につけています。生徒指導の経験やテクニックも豊富です。教育の基礎的なスキルがしっかりしているため、たとえば講義を短縮するときにも、雑談中の子どもに話しかけるときにも、非常にうまく対応します。

ベテランがそのスキルをいかして新しい授業をつくり上げれば、若手もついてきます。ぜひとりくんでみてください。

若手はあせらずにじっくりと

いっぽう若手には、新しい形式や手法を受け入れる柔軟性があります。役に立つことはどんどん活用しましょう。そしてその情報をベテランにも伝えてください。

ただし、新しいやり方だけにならないように注意する必要があります。アクティブラーニング型授業には、講義型授業のスキルも必要です。むやみに説明を減らすのではなく、**場合によっては講義中心の授業もおこない、そのスキルも鍛えてください**。ベテランに話し方のポイントを聞くのもよいでしょう。ベテランと若手が協力しながらとりくめれば、授業の改善はスムーズに進みます。連携をはかって、やっていきましょう。

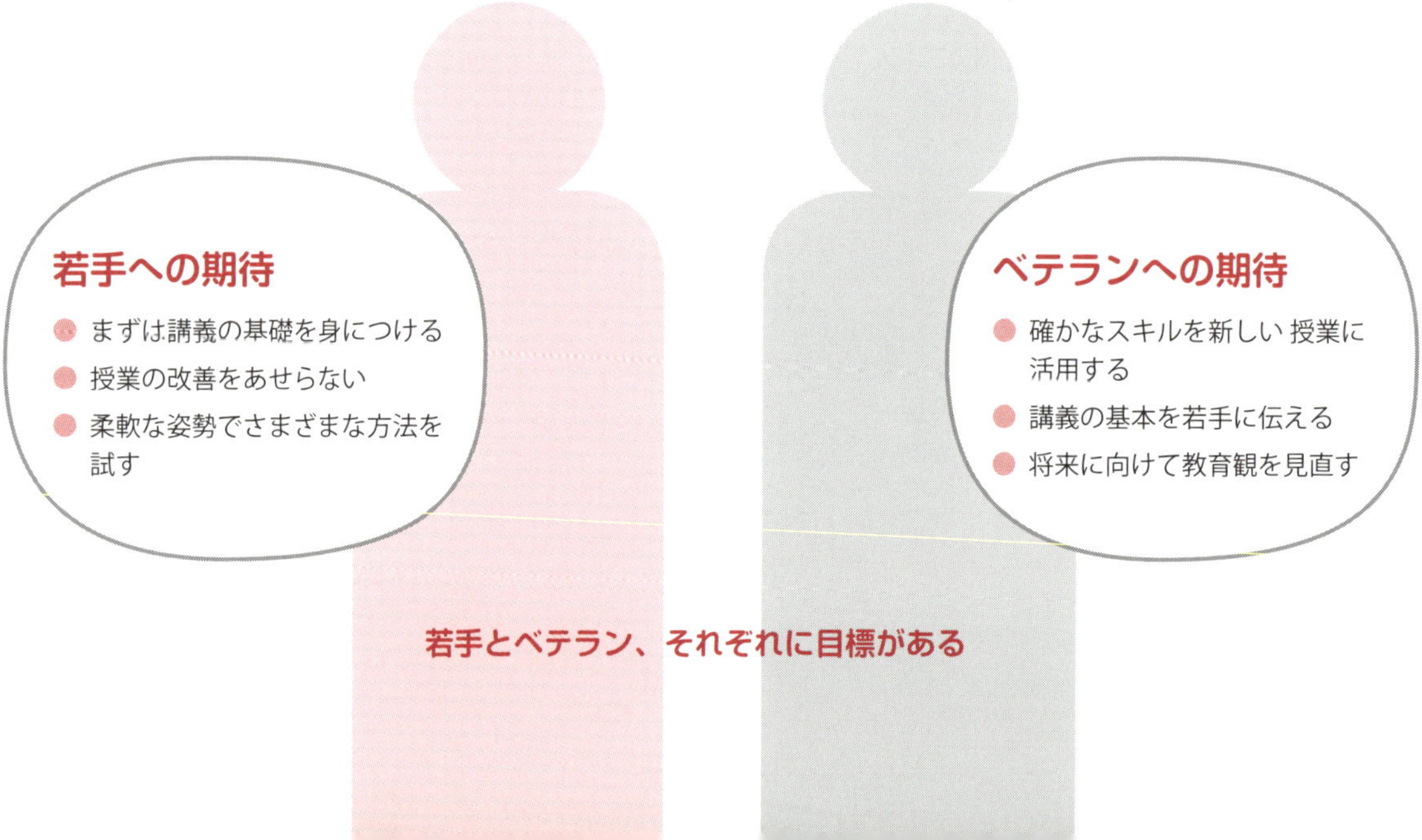
若手への期待
まずは講義の基礎を身につける
授業の改善をあせらない
柔軟な姿勢でさまざまな方法を試す
ベテランへの期待
確かなスキルを新しい授業に活用する
講義の基本を若手に伝える
将来に向けて教育観を見直す

若手とベテラン、それぞれに目標がある

2 どうすれば子どもたちがついてくるか

授業にグループワークをとり入れてみたものの、
「対話的な学び」とは言えないただのおしゃべりになり、
とても「深い学び」とは言えない状態に。
そういうときには、子どもたちに質問を投げかけましょう。
質問して、子どもたち自身が考えるきっかけをつくってください。
それが「主体的な学び」を促進します。
その結果をいちいち評価する必要はありません。
質問し、評価しない。それがポイントです。

ストーリー

子どもたちを盛り上げられないB先生

1

B 先生は 30 代の女性教員。中学で英語を教えています。校内研修でアクティブラーニングのことを知り、魅力を感じて、授業にとり入れることにしました。グループワークの時間をもうけて、子どもたちに話し合いをさせてみました。

みんなで順番に
1 段落ずつ、訳していこうよ。
おれから時計回りにやろう。
じゃあはじめるよ

「英語の長文を和訳する」「話し合い、協力する」というワークを設定すると、話すことの得意な子がリードするようになった

2

グループワークをとり入れてみると、確かに何人かの子どもはしゃべるようになり、アクティブな雰囲気が出てきました。しかし、研修では対話がもっと盛り上がると聞いたので、B 先生はいまひとつ手応えが感じられませんでした。

3

協力する姿もみられましたが、英語の苦手な子が得意な子に答えをみせてもらうだけだったりして、深い学びが実現しているようには思えませんでした。B先生は研修で聞いた通りに実践したつもりでしたが、うまくいかず、悩みはじめました。

グループワーク後に、同様の構文で小テストを実施。しかし子どもたちは話し合いながら、お互いの答えを丸写ししていた

4

グループワーク形式を何度か続けてみたものの、様子は変わりませんでした。B先生は授業を元の形式に戻すことを決め、子どもたちに伝えました。彼女には、アクティブラーニングは難しいという印象が残りました。

授業を元に戻すことについて、子どもたちからとくに不満の声はなかった

どうすればいい？

グループワークがうまくいかないときには、いくつかの原因が考えられます。ひとつは**ワークの目標が子どもに理解されていない**こと。なんのために話し合うのか、明確に伝える必要があります。ほかにも、**苦手な子へのサポートが不足している**場合などがあります。足りない部分を確認し、対応していきましょう。 テーマ4～テーマ8へ

テーマ

4 対話が深まらない

グループワーク形式をとり入れると、子どもどうしの対話が増えます。しかし、ただしゃべらせているだけでは、話が深まっていきません。

よくある悩み

手本の通りに指示をしても、子どもたちが動かない

先生が研修会などでアクティブラーニング型授業を学び、そのまま授業にとり入れたときに、期待したほどの効果が出ないことがあります。手本の通りにグループワークなどをおこなっても、子どもたちが動いてくれないのです。

グループで座っているが、問題には各自でとりくんでいる。ときおりひそひそ話をするくらいで、自習とほとんど変わりがない

対話の質を高める方法とは

グループワークを形式的にとり入れるのは、簡単です。子どもたちに「話し合いなさい」と指示すれば、グループでそれなりに話しはじめるでしょう。

しかし、そうした曖昧《あいまい》な指示では大抵、子どもたちの話が深まりません。表面的な会話や授業と無関係な雑談になりやすく、教科の内容を深く学ぶことに、なかなかむすびつかないのです。

対話をアクティブラーニングにつなげるためには、その目標を明確に示す必要があります。子どもたち自身が、なんのために話すのかを理解できれば、「対話的な学び」は実現しやすくなります。

話し合いを呼びかけても、子どもたちが教科書を読み上げるくらいしかしない

子どもたちが答えをみてテストを簡単に終わらせてしまい、残りの時間は友達のことやテレビ番組の感想を話している

よくある悩み

ただの雑談になり、学びがみられない

グループワークで子どもがよく動き、よくしゃべるようになっても、それがうまく学習にむすびつかない場合もあります。話し合いがただの雑談や形だけの議論になっていて、対話が深まりません。

声をかけたり様子をみにいったりすれば話し合うが、話し合っているふりにみえる

しゃべっているが、ほとんどが教科と関係のないことで、ただの雑談になっている

よくある悩み

授業の時間内に話がまとまらない

授業の内容を話し合えるようになってくると、また別の問題が起こります。子どもたちの話が白熱しすぎて、授業の時間内におさまらなくなるのです。先生は課題の調整や時間の管理に悩んでしまいます。

課題が難しすぎるのか、どのグループも話がまとまらないまま授業が終わってしまう

子どもたちから「あと 10 分待って」などとせがまれ、話し合いの時間を延長する。そのせいで教科書が進まない

対応法は P40・42 へ

対応法

授業のルールを伝える

グループワークにはルールがあることを、具体的に伝えます。授業中の態度、ワークを通じて学ぶ内容、ワークの流れと所要時間を示しましょう。１回説明するだけでなく、ワーク中にも質問することで、子どもがルールを意識できるようにします。

実践のコツ

態度と内容の目標を示す

グループワークをはじめる前に、授業の「態度目標」と「内容目標」を具体的に示しましょう。目標を明確にすると、雑談や表面的な議論が減り、課題に関する対話が増えていきます。

最初に授業の長期的な目標を具体例で示す。たとえば物理なら「科学者になること」。科学者の生活を子どもにたずねる

子どもたちから科学者は「ほかの科学者に質問する」「チームで協力する」といった答えが出る。それらをふまえて毎回の授業の「態度目標」を示す

「態度目標」とともに、その日の授業で学習することを「内容目標」として示す。たとえば物理なら「物体の速度」「比熱」といったことの理解が目標になる

たとえばこんな言い方で

科学者に関するやりとりをまとめながら、授業の態度日標を具体的にあげます。

- （ほかの子と）しゃべる
- （ほかの子に）質問する
- （ほかの子に）説明する
- 動く、立ち歩く
- チームで協力する
- チームに貢献する

科学者はほかの科学者と協力しながら研究している。物理ではそうした科学的な対話を、授業の長期的な目標として設定。ほかの教科では例をその分野の学者や実践者に変えるとよい

実践のコツ

時間を決めて厳守する

グループワークを成功させる要因のひとつが、時間を守ること。子どもに所要時間を伝えたら、必ず守ってください。最初は不満も出るかもしれませんが、何度か続けるうちに子どもたちは目標に集中し、時間を守るようになっていきます。

5分たちました。
次は小テストです

事前にグループワークの流れと所要時間を示す。ホワイトボードなどに書き出しておくのもよい

ワークをはじめたら、経過をこまめに伝える。子どもたちに残りの時間と作業量を意識させる

予定の時間がきたら、話し合いがまだ途中でも次の作業へ。そういう授業だと理解させる

時間を守るために子どもたちを説得したり、注意したりする必要はない。淡々と次の作業に進むだけでよい

時間でしばりつけてもアクティブになる？

時間で子どもたちをしばりつけていては、主体的な学びが起こらないと感じるかもしれません。

しかしじつは時間こそが、主体性を伸ばすポイントなのです。子どもたちは「○分で課題を解く」という枠組みを与えられると、あと何分でなにをしようかと考えはじめます。時間制限があるからこそ、主体的に判断する経験を積み、成長していけるのです。

対応法

「協力できていますか？」と聞いてまわる

グループワークを活性化させるために、質問を活用しましょう。対話のコツや課題のポイントを教えるのではなく、そういうことに子どもが気づけるよう、質問してヒントを出すのです。

実践のコツ

チームの全員に問いかける

対話がなく、それぞれ黙って課題にとりくんでいるグループには、その全員に向けて質問を投げかけましょう。「協力する」「相談する」といった態度目標を実現できているかどうか、問いかけてみてください。

チームで協力できていますか？

高圧的な指示にならないように、笑顔で子どもたちに視線を合わせ、おだやかに問いかける

質問することで、子どもの気づきをうながす。子どもたちは問いかけられると「協力できているかな」「態度目標はなんだっけ」などと考えはじめる

質問をするだけで、指示はしない。子どもたち自身が目標に気づき、実践するのを見守る。判断や実行は子どもにゆだねる

たとえばこんな言い方で

- チームで協力できていますか？
- わからないことは質問できていますか？
- どうしたらいいと思いますか？
- 話し合いは順調ですか？
- あと○分です。順調ですか？

質問をして、子どもがほかの子に話しかけたり、プリントで示した態度目標を読み直したりしはじめたら、その場を立ち去る

実践のコツ

教えないで考えさせる

質問をしても協力の仕方に気づけず、先生に教えてもらおうとする子もいます。「どうすればいいですか」などと聞かれると、懇切丁寧に教えてしまうのが先生の常ですが、そこでもう一度考えるヒントを出してください。

子どもが困って頼ってきても、安易に答えを教えない。「ほかの人には聞きましたか？」などと問いかけ、ほかの子との協力をうながす

本人に「どうしたらいいと思いますか？」「態度目標はみてみましたか？」などと質問を返し、もう一度考えさせるのもよい

質問をしたあと、そこにとどまっていると子どもたちが先生に頼ってしまいがち。問いかけたら立ち去るようにする

歩きまわることにも意味がある

「協力できていますか?」という質問を形だけ覚えて、各グループへ順番に投げかけるだけでは、ワークは活性化しないでしょう。

子どもたちの間を歩きまわって様子をみながら、動きが停滞しているグループへ問いかけるようにしてください。なかには、先生が近くにくると目標を意識し、話し合える子もいます。その場合は声をかけなくても大丈夫です。

テーマ

5 参加しない子がいる

グループで対話をするようにうながすと、それが苦手な子どもたちにとっては、参加しにくい授業になってしまうことがあります。

よくある悩み

グループワークに参加できない子がいる

新しい授業の進め方が子どもたちに浸透してきて、多くの子がそれなりに話し合えるようになってきたとき、一部の子がグループワークに参加できず、ついていけなくなることがあります。

会話が苦手で発言できない子がいる。ほかの子の話を聞いているだけで、協力する様子がみられない
相談しながら課題にとりくむ子どもたちを、遠くからみているだけの子がいる
集団行動が苦手でグループ席を嫌がり、すみに座ってひとりで問題を解いている子がいる
回を重ねるうちにグループが固定し、どこにも入れない子どもが出てきた

よくある悩み

勉強の苦手な子がついていけず、ふてくされる

子どもたちに学力の差があり、問題を解ける子と解けない子で、グループワークへの意欲にも差がついてしまうケースもあります。先生は問題を解けない子のほうをサポートしたほうがよいのでしょうか。

学力の高い子は、ほかの子と協力しなくても問題が解けるので、ひとりでとりくんでしまう

学力の低い子は、がんばってもほかの子に貢献できないと思い、やる気をなくしてしまう

よくある悩み

子どもどうしの対立やいじめが明らかに

もともと人間関係が不安定になっているクラスでは、子どもどうしの対立関係やいじめなどのトラブルが、グループワークのなかで明らかになってくる場合があります。授業の工夫とはまた別の配慮が必要です。

日頃から対立関係にあり、仲の悪い子どもたちが、グループワークでも衝突する

いじめを受けている子がグループワークでも仲間はずれにされ、授業に参加できなくなる

対応法は P46・48へ

参加の仕方は人それぞれ

グループワークをするとき、参加者全員に同じことをさせようとすると、それができない子には苦しい授業となってしまいます。

全員一律ではなく、各自のやり方や各自のペースで参加すればよいのだと説明しましょう。発言のできない子が、ほかの子の対話を聞いているうちにグループワークに慣れ、少しずつ話せるようになる場合もあります。

うまく参加できない子どもたちには、一時的にサポートをおこなうことも大切です。席をグループから離す、補足資料を渡すなどの配慮で、その子が参加しやすい環境をつくってください。

対応法

困っている子には一時的なサポートを

グループワークに参加できない子がいたら、放置しないでサポートをしてください。ただし、先生がワークの方法などを指導するのではなく、まわりの子からのサポートをうながしたり、環境面を整えたりします。

実践のコツ

サポートの仕方を子どもたちに教える

集団の輪に入れない子や、対話に参加できない子がいるときには、その子と協力する方法を、まわりの子に教えましょう。そして、子どもどうしの関係が変わっていくのを待ってみてください。

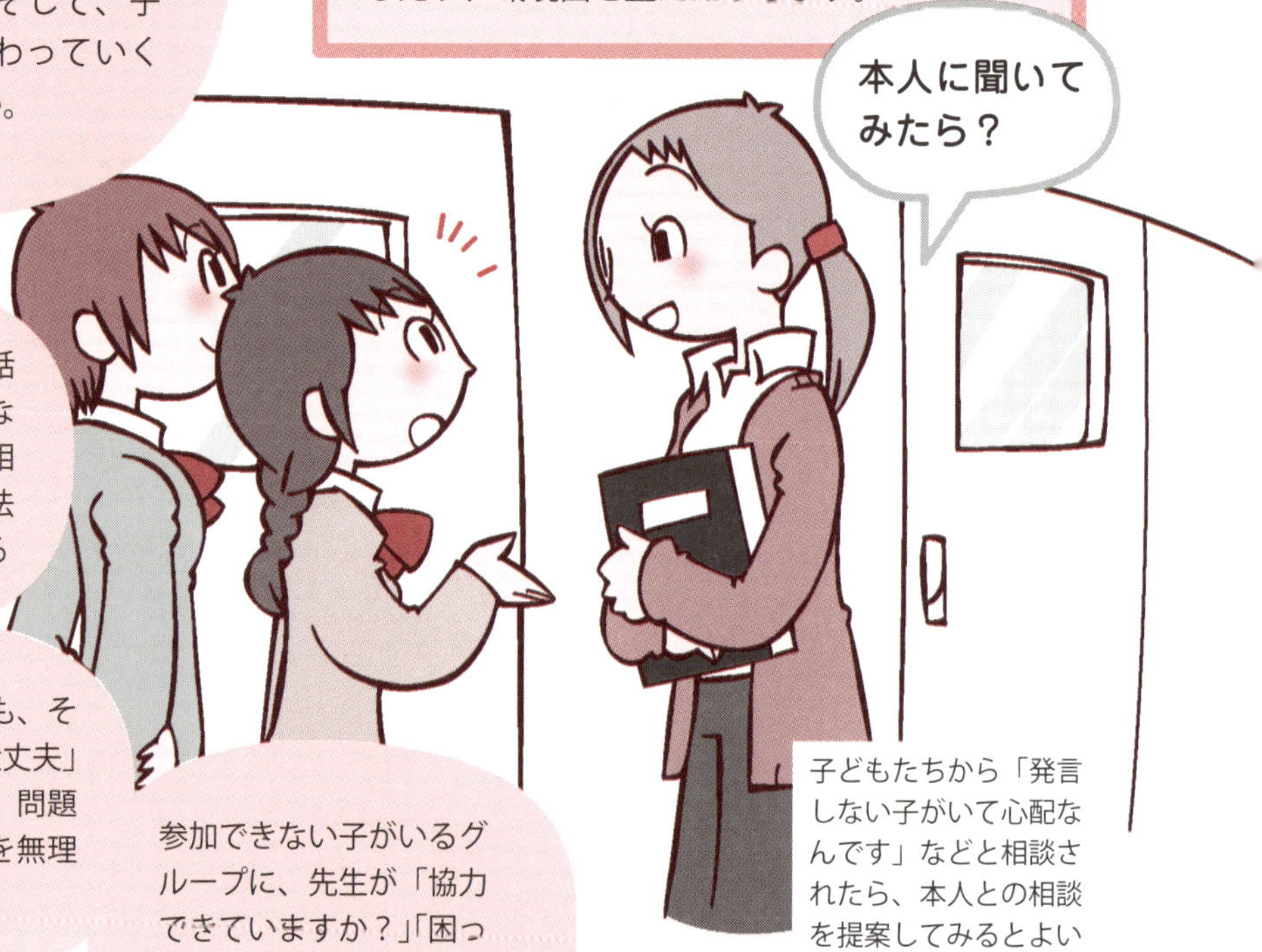

子どもたちから「発言しない子がいて心配なんです」などと相談されたら、本人との相談を提案してみるとよい

発言しない子に先生が「話を聞いているのは嫌じゃない？」と聞く。そうして相手の気持ちをたずねる方法を、まわりの子にも教える

発言しない子がいても、その子がそのままで「大丈夫」だと言っているなら、問題ない。ただし、発言を無理に求めたりはしない

参加できない子がいるグループに、先生が「協力できていますか？」「困っている子を支えていますか？」と質問する

グループに入りたくない子のために、先生が1人用の座席を用意しておく。集団への参加を強制しない

質問したら、あとは子どもどうしのやりとりにまかせる。そのうちに発言できるようになる子もいる

実践のコツ

困っている子本人の希望にひとまず応える

集団には加われても、学力が低くて演習に参加しにくい子には、学習面のサポートが有効です。その子本人が希望する補助を一時的におこない、課題にとりくみやすい環境を整えましょう。

たとえばクラスで1台のタブレットを用意し、用語を調べるアプリを入れておく。困った子どもが使えるようにする

先生が本人に「なにがあればできる？」と質問する。本人は補足資料や電子辞書、スマートフォン、答えのヒントなどと言う

本人の希望を用意できる場合には、それを渡す。参加するうちに課題に慣れ、サポートがなくてもとりくめるようになる

一般論ではなく、一人ひとりをみる

なにごとも一般論で考えていると、個別の悩みに対応できなくなります。「グループワークとはこういうもの」という固定観念は捨てて、目の前の子ども一人ひとりの状態に目を向けましょう。そして、一時的な対応として、個別にサポートをしてください。

一時的な配慮の例

- 会話が苦手な子は、発言しないで「パス」してもよい
- ひとりでとりくみたい子は、それでもよいことにする
- 学力が低い子には電子辞書や資料集などの使用を認める

対応法

トラブル対策をベテランに教えてもらう

なんらかの問題によってグループワークに支障が出ているときには、すぐに対応しましょう。問題が大きくなる前に手を打つのが肝心です。また、ひとりで動くよりも、ベテランのたすけを得たほうが、より適切な手を打てます。

実践のコツ

「危機介入」は迅速に

子どもどうしの対立やいじめなどの問題がみえてきたときには、間接的なサポートではいけません。すぐに動いてください。該当の子に直接的に関わります。それが「危機介入」の原則です。

孤立しているようにみえる子がいたら、先生が直接話しかける。その子の状況を把握する

問題に関わっている子に、先生が直接話しかける。「授業をこのまま続けてもいい？」などと聞き、本人の気持ちを確認する

子どもを休み時間などに呼んで、なにが起きているのかを聞いてみる

問題を起こしている側の子がわかっても、その子を人前で叱らない。その子にも話を聞く

学校には、多くの問題に対応してきたベテランがいる。困ったときにはベテランに協力を頼む。過去の対応例を質問する

いじめではないと
思うんですけど、
孤立しがちな子がいて

相談相手をもっておくと、どんな問題を誰に聞くのがよいか、わかってくる

実践のコツ

日頃から会話を大事に

問題が起きたときには関係者から話を聞くわけですが、そのとき、日頃の会話がベースになります。日頃から子どもたちやベテランとよく話していれば、トラブルにもあわてずに対応できます。会話を大切にしましょう。

日頃から子どもたちに積極的に声をかける。「最近なにをしているの？」など、他愛のない質問でよい。子どもからの質問にも、いつも答えておく

困ったときだけベテランに頼ろうとしても、うまく質問できない。日頃から生徒指導や教育相談などの悩みをこまめに話しておきたい

問題をオープンにしてチームで協力する

グループワークを通じてクラスの問題に気づいたら、それをひとりで抱えこまず、周囲に相談しましょう。問題をオープンにして、チームで協力していくのです。

学校としての適切な対応を考えるときには、管理職やベテランに相談してください。過去の例を教えてもらえる場合もあります。ベテランは頼りになります。

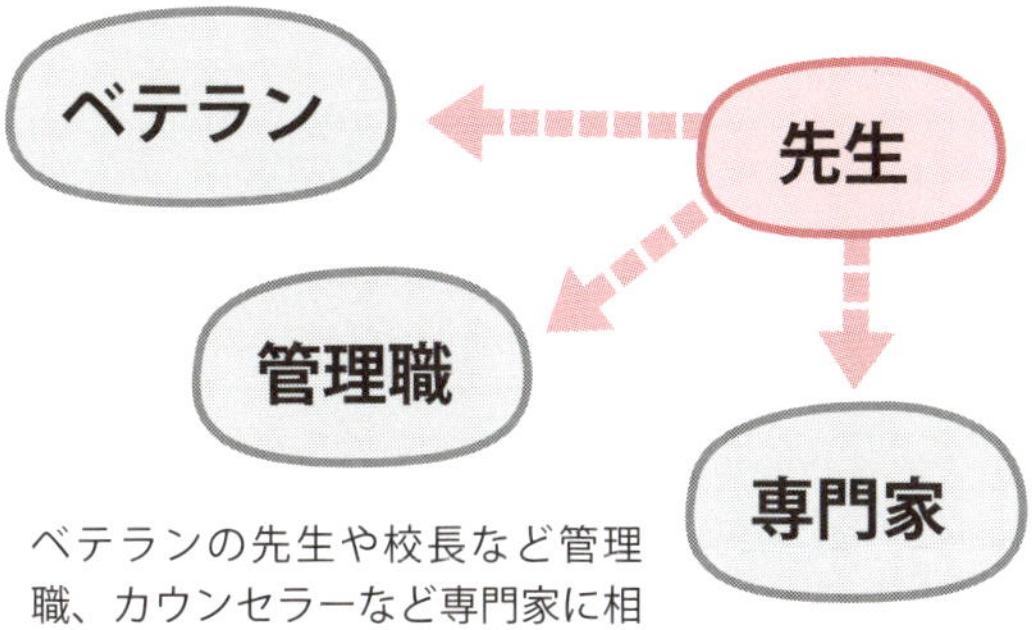
先生
ベテラン
管理職
専門家

ベテランの先生や校長など管理職、カウンセラーなど専門家に相談し、チームで問題に対応する

テーマ

6 コントロールできない

グループワークで子どもたちの自由な発言を尊重した結果、それが先生にとって望ましくない形で広がっていくこともあります。

よくある悩み

子どもが授業中に想定外の発言をする

子どもたちに話し合いをさせ、質問や相談をうながすと、想定外のことを言い出す場合があります。難解なことを聞いてきたり、教科書に疑問をもったりして、先生が難しい対応を迫られてしまいます。

先生、その話は
間違いだっていう
ニュースをみましたよ

自由に発言させたら、先生の知らないことを言い出した。返答に困ってしまった

よくも悪くも主体性が伸びていく

アクティブラーニング型授業のねらいは、子どもたちに主体的・対話的で深い学びが起きることです。授業がうまくいけば、当然、子どもたちの主体性は伸びます。よくも悪くも、主体的な言動が増えるでしょう。それはさけられません。ただ、子どもが成長するのは基本的にはよいことです。教育としては成功です。

問題は、成長が結果としてトラブルを引き起こしてしまうこと。しかしそれは工夫しだいでさけられます。先生たちにできるのは、主体的な活動がトラブルにむすびつかないように、子どもたちをサポートすることです。

よくある悩み

部活動や文化祭で勝手な行動が増える

　授業中のグループワークで主体的に行動する習慣をつけた子どもが、授業以外の活動でもどんどん行動し、そこで問題を起こしてしまうことがあります。たとえば部活動や文化祭で、先生の許可をとらずにさまざまな話を進めてしまうのです。

申請書を
書いてきました。
お願いします
×× 課

文化祭のイベントのために、自分たちで手続きを調べ、書類も用意して、先生に断らずに役所へ行ってしまう

授業以外でも、子どもどうしで集まるようになる。自主的に補習をしたり、勝手に教科以外の勉強会を開いたりする

クラスや学年を越えて集まる子どもも現れる。先生の知らないところでの活動が増えていく

文化祭での展示や出店について、子どもどうしで話し合い、役所や地域の施設などとの相談を先生に無断ではじめてしまう

外部機関との相談などで問題が起こってしまい、授業や文化祭のあり方を見直さなければならなくなる

担任の先生やグループワークをおこなった先生が、子どもたちをきちんと指導できていないということで管理職に注意される

対応法は P52 へ

対応法

子どもにまかせて、陰ながらサポートする

「問題を起こすから主体的な活動を制限しよう」という対応では、本末転倒です。主体的な活動が増えることは受け入れ、指示や命令をするのではなく、陰ながらサポートしていきましょう。ルールや状況をくり返し確認するのがポイントです。

実践のコツ

ルールを再確認する

アクティブラーニング型授業には態度や内容、時間などの枠組みがあります。それを子どもたちといっしょに再確認しましょう。子どもがルールのもとで適切に主体性を発揮できるよう、サポートしてください。

とくに気になることがなくても、日頃から子どもたちに声をかける。活動が広がりすぎていたら、相談をもちかける

最近どう？
文化祭の準備は
進んでいる？

話し合ったり立ち歩いたりするのは、特定の授業のルールであることを確認。ほかの授業や授業外の活動にはそれぞれのルールがあることを伝える

ルールのもとでの発言は想定外のものでも受け止める。「そうなんだ」「どうすればいいと思う？」などと返答し、その子といっしょに考える

場合によっては、部活動や文化祭などの関係者に対して、生徒が動いていることを先生から事前に伝えておくのもよい

ルールを示しても、子どもたちの活動は広がっていくもの。報告を待たず、先生のほうから子どもたちに質問し、様子を把握する

管理職向けアドバイス

教育界に必要なリーダーシップ

● 学校では主体性が育ちにくい？

学校がピラミッド型の組織で、校長がその頂点に立ち、先生や子どもたちをトップダウン式に統率する形では、子どもの主体性はなかなか伸びていきません。子どもが先生に報告し、先生が校長に報告し、校長から指示が出て、結局子どもは校長の指示通りにしか動けないという状態では、授業でも授業以外の場面でも、子どもの主体性がいちじるしく制限されてしまいます。「主体的・対話的で深い学び」を実現するためには、組織の見直しが必要になってくるでしょう。

● リーダー像を見直してみよう

ビジネスの世界では、ピラミッドを逆さにして、トップがメンバーを支えるリーダーシップがひとつの常識になっています。「サーバント・リーダーシップ」という考え方で、リーダーが奉仕者として、メンバーの活動しやすい状況をつくるのです。

具体的には、社長が部長に質問し、部長が社員に質問して、現場の状況を把握します。その間、現場の社員は主体的に働いてよいことになっています。社長や部長の仕事は、状況を理解してサポートすることなのです。

これは学校でも活用できる考え方です。先生と子どもたちの授業づくりを校長が陰からサポートする形にできれば、現場の試行錯誤が進みやすくなるでしょう。

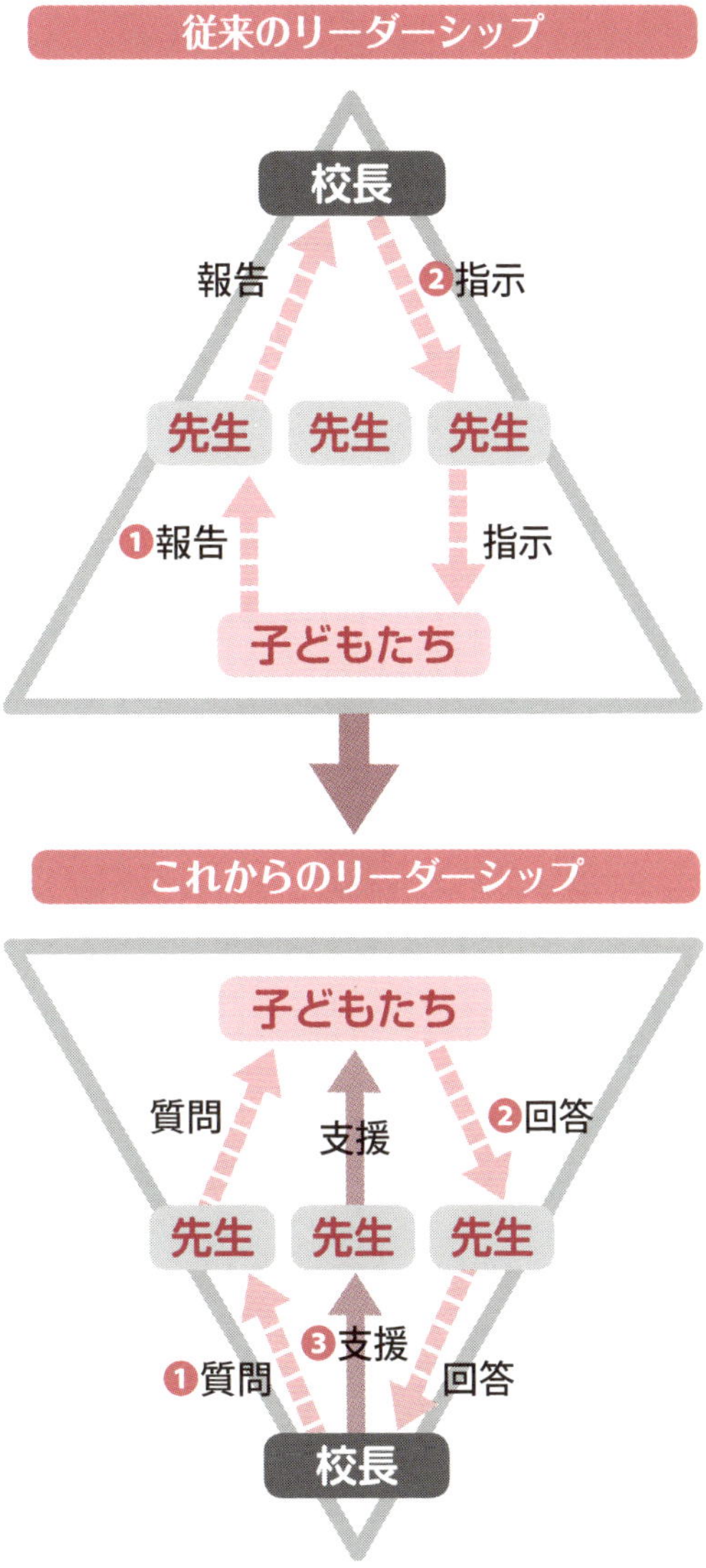

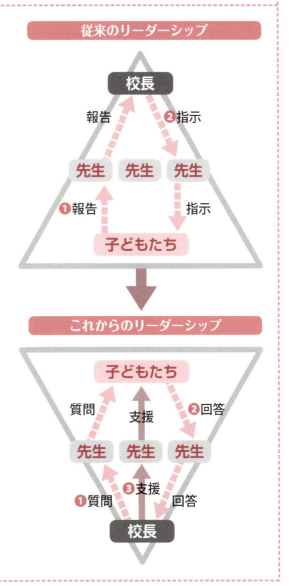

テーマ

7 評価の仕方が難しい

グループワークには一体感がありますが、その分、子どもの活動が一定になってしまい、評価をつけにくいという難点があります。

よくある悩み

どんな発言や行動を評価につなげればよいのか

グループで問題にとりくませると、どの子も解答を書けるようになり、評価がつけにくくなります。差が出やすいのは話し合いのときの発言や行動ですが、その優劣を客観的に判断するのは難しく、先生たちは評価の仕方に悩みがちです。

全員の発言や行動を公平に、客観的に評価しようと思うと、記録をとるだけで授業が終わってしまう

子どもたちが協力すると全員が同じ解答になり、問題では評価がつけられない

発言や行動をいちいちメモするのは大変。しかも主観的な評価になってしまう

いったいどこで評価すればよいのか

評価に悩んだときは、その授業の目標を再確認しましょう。この本では授業の「態度目標」と「内容目標」（40ページ参照）を示しています。協力しながら内容を理解することが、ゴールです。

そう考えれば、評価のポイントがみえてきます。ひとつは協力。先生は子どもたちの協力度を評価し、不足しているグループにはその場で「チームで協力できていますか？」と質問しましょう。

もうひとつの目標は内容の理解ですが、それは定期テストで確認できます。相談なしの個人向けテストを用意し、個々の理解度・習熟度をチェックしてください。

※文部科学省は平成 28 年 12 月 21 日の答申で学習評価の観点を「知識・技能」「思考・判断・表現」「主体的に学習に取り組む態度」としています。

できました。
これで
合っていますか？

グループを仕切り、問題を早く解く子が決まってくる

よくある悩み

活発に動ける子どもが決まってしまう

グループワークをくり返していると、自分から活発に動く子と、ほかの子についていくだけの子に分かれ、それぞれの役割が固まってしまうことがあります。できる子だけがどんどん上達し、評価が定まってしまいます。

「発言すればほめられる」「成績が上がる」と考え、目立とうとする子が出てくる。子どもどうしの「ほめられ競争」のようになってしまう

活発に動くグループと、やる気を失ってほかの子をからかうグループに分かれ、対立関係ができてしまう

よくある悩み

意見や感想を聞いても、率直な言葉が出てこない

グループワークやそのあとの振り返りのとき、意見や感想を聞いても、優等生的な発言しか出てこないというのも、よくある悩みのひとつです。どの子も無難なことを言ったり書いたりするため、評価のつけようがありません。

子どもたちが先生の顔色をうかがい、正しいことだけを言おうとする。表面的な話し合いになっている

振り返りの時間にカードを渡して感想を書かせると、全員が授業へのおせじのようなコメントを返してくる

対応法は P56・58 へ

実践のコツ

態度は子どもが自分で評価する

グループワークには態度目標を設定しますが、それを先生がいちいち確認し、成績につなげる必要はありません。それよりも、ワーク中に質問したり、振り返りのカードを書かせたりして、子どもたち自身に評価させましょう。

対応法

授業は採点せず、テストで評価する

授業中の発言や行動、解答を評価しようとすると、子どもたちはそれに引きずられて、評価ありきの学び方をはじめます。それでは主体的な学びになりません。授業は採点せず、定期テストで成績をつける方法があります。

今日は問題は
解けたけど、
ほかの子に質問は
しなかったかな……

ワーク中に模範的な活動がみられても、それを評価しない。一度評価してしまうと、みんなが同じことをしはじめる

雑談や解答の丸写しなどがみられても、それを評価に関連させない。その場で「態度目標はみましたか？」などと質問して働きかける

授業の最後に振り返りの時間をつくり、カードにその日の目標達成度や感想を書かせる。子どもに自己評価させる

振り返りカードの質問例

- あなたはチームで協力できましたか？
- あなたが今日の授業でわかったことはなんですか？
- 感想や意見、質問はありますか？

文部科学省の提唱している「主体的に学習に取り組む態度」は、振り返りカードの内容からある程度わかります。ただしそれを成績に反映する必要はありません。主体的にとりくめていない子には、次の授業で質問（42ページ参照）しましょう。

先生が注意するよりも、子どもが自分で振り返ったほうが、態度目標の理解度は上がる

実践のコツ

評価は理解度や習熟度で

グループワーク中のテストは成績の対象外として、定期テストや実技テスト、発表で理解度・習熟度を確認し、成績をつけましょう。文部科学省の提唱する「知識・技能」「思考・判断・表現」が評価できます。子どもたちにそれを説明しておきます。

グループワーク用の問題には解答と解説もつけて配ってしまう。子どもたちは答えがわかる状態で、考え方や解き方を学ぶ

定期テストでは、子どもたちは相談や質問ができない。個々の理解度がわかる

グループワークによって内容をどこまで理解できたか、定期テストで確認する。そのため、テストは授業の内容目標にそったものにする

授業とテストは連動している

「評価は定期テストでおこなう」と結論づけると、日頃の授業をおろそかにする印象があるかもしれませんが、そうではありません。授業中に態度目標と内容目標を達成すれば、学びの質は深まり、内容への理解度が上がります。そして、その内容にそったテストで高得点がとれるのです。

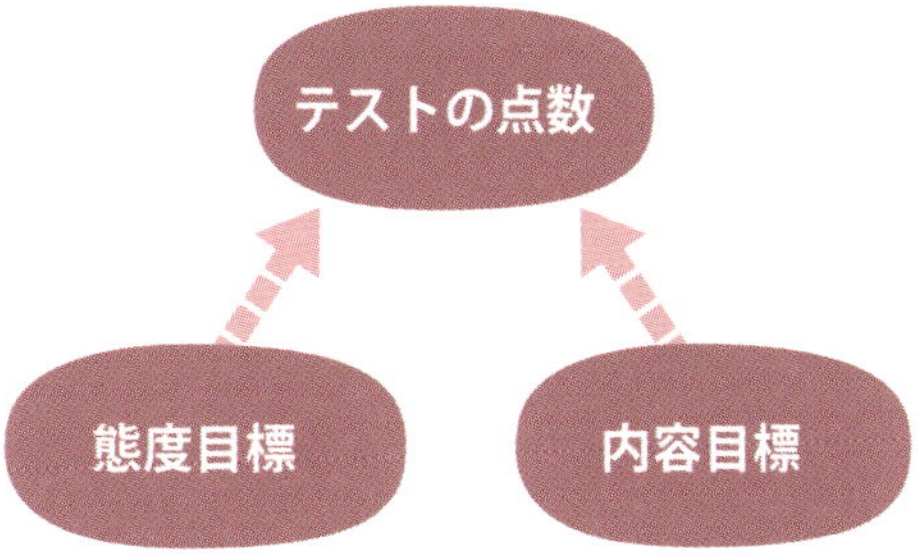

目標を達成している子どもは、自然にテストの点数が上がる

対応法

ほめるところや叱るところを探さない

　グループワークをみていると、よくできた子をほめたくなる瞬間があるかもしれません。しかし、そうやって子どもの活動に点数をつけるような対応はやめましょう。ほめたり叱ったりしないほうが、「主体的・対話的な学び」は向上します。

実践のコツ

子どもの言動をいちいち評価しない

　子どもの発言や行動をことさらにほめたり、強く注意したりするのはやめましょう。それが評価基準となり、子どもたちが自分の考えよりも評価を優先しはじめます。子どもの主体的な学びをそこなってしまうのです。

子どもが手伝ってくれたら感謝を伝える。ほめたり成績に加算したりする必要はない

授業中の発言や行動を、ほめたり叱ったりしない。評価を求める子を無視する必要はないが、あっさりと返答する

授業中の発言や行動を記録して、あとで指摘するのではなく、気づいたことはその場で伝える。考えるきっかけを与え、問題は早めに解決させる

たとえばこんな言い方で

- へー、すごいね
- そうなんだ、よかったね
- 友達にも聞いてみたら？

実践のコツ

子どもどうしのやりとりを見守る

先生がほめたり叱ったりしなくても、グループワークをしていれば、子どもどうしで相手を評価する発言が出てきます。それは止めないようにしましょう。子どもたちは、友達からの評価はきちんと受け止めます。

そうやって解けばいいんだ。すごいね、よくわかったね

よくできている子は、友達から感謝されたり、頼られたりすることで、自信をもつ。先生がほめるよりも効果が高い

うまくできていない子も、友達には質問できる。先生が注意するよりも、ほかの子から教わるほうが効果が高い

勉強会と同じイメージで

先生にほめられるよりも、友達にほめられるほうがうれしいというのは、子どもどうしの勉強会をイメージするとわかります。

友達の家でいっしょに勉強するとき、子どもたちは対等な関係で教え合い、評価し合います。相手のよいところに気づけばそれを率直に伝え、よくないところがあれば注意します。

親や先生から言われると腹が立つことでも、友達から言われたら聞く耳をもてるということが、子どもにはあるのです。

テーマ

8 元に戻ってしまう

いろいろと試行錯誤してもバランスのよいグループワークが組み立てられず、授業の改善をあきらめてしまう先生もいます。

よくある悩み

最初はうまくいったが、成績が下がってきた

アクティブラーニングを導入すると、最初は目新しさもあって子どもたちの学習意欲が強くなります。話し合いが盛り上がり、内容への理解も深まります。しかしそれを続けていったとき、成績が上がってこないことがあります。

成績が上位の子は話し合いやほかの子への説明で時間をとられ、自分の成績が落ちてしまうことがある。先生の代わりをさせられたと感じる子もいる

「授業中に話していい」「立ち歩いてもいい」といった形式が新鮮で、子どもたちが活発に行動しはじめる

↓

グループワークでは、わからない子がほかの子にいろいろと質問できる。成績が下位の子は、学力が上がりやすい

↓

成績が上位の子や中位の子には、すぐには効果が出ないこともある。そのせいで、クラス全体の成績が下がることもある

不満を受けて問題の難易度を調整してみても、うまくいかない。問題が難しすぎて子どもたちがあせってしまった

よくある悩み

「わからない」という声が多く、講義形式に戻すことに

子どもや保護者から「グループワーク中心では教科の内容が理解しきれない」という声があがり、授業を講義形式に戻すことになるという例もあります。新しい授業をつくるときに、知識や技能の定着、学力の向上、受験対策などが課題となります。

話し合いは盛り上がるが、それが知識や技能の定着につながらず、成績が落ちてしまう。子どもや保護者から不満の声があがる

問題を調整しても状況が改善せず、授業を講義中心の形式に戻すことに。アクティブラーニングを断念してしまう

対応法は P62 へ

失敗してやめる人もいる

アクティブラーニングの導入に力を尽くしたのに、その授業がうまくいかなかったときには、先生はがっかりしてしまうでしょう。

保護者や同僚などから注意され、挫折して、導入をあきらめてしまう先生が実際にいます。その気持ちはよくわかります。

何回でもやり直せる

うまくいかないときには、まわりの人の声を聞き、ひとまず授業を元に戻すというのも、よい判断です。しかし、そこで導入をあきらめることはありません。

アクティブラーニングを導入しながら成績を上げることは、工夫しだいで十分に可能です。ほかの課題にも対処法はあります。導入は何回でもやり直せます。再開のチャンスを待ちましょう。

対応法

難しければ、いったん休憩して立て直す

成績が下がってしまった場合など、アクティブラーニングの導入に難しさを感じたときには、授業の形式を元に戻し、その後もしばらく休憩をとりましょう。講義の内容やワークの問題の難易度などを確認し、授業を立て直します。

実践のコツ

内容しだいで成績は上がる

成績が上がらないという問題があるときには、グループワークの内容を調整してみましょう。ワークでとりくむ問題に入試の「過去問」を使うなど、成績を意識した課題を設定することもできます。

従来の講義形式で用語を解説しておくと、そのあとのワークが活発になり、成績にもむすびつくことがある

基礎知識の不足でワークが活性化していない場合は、講義の時間を増やすのもよい。それに合わせてワークの問題数を減らす

「過去問」を採用したり、テストの所要時間を意識した時間設定にするなどの工夫で、成績アップをめざすこともできる

子どもたちに「どうすれば成績が上がると思う？」と聞くのもよい。授業に不足していることを率直に話してくれる子もいる

授業の機能を調整する

アクティブラーニング型授業の内容は調整可能です。問題などを工夫することで、授業に「成績向上」や「受験対策」といった機能をもたせることができます。

授業でうまくいかないところがあっても、それを補うことは十分にできるのです。

問題が難しかったね。
このやり方では
話し合いをする余裕が
なさそうなので、
ここで中断しましょう

先生は自分に責任があることを明言する。同時に、再開する可能性も伝えておく

実践のコツ

調整できなければ中断する

内容を調整しても成績が上がらず、子どもたちが不満を感じているようなら、授業を元に戻しましょう。そのまま続けていたら、保護者や学校の管理職から厳しい注意を受ける可能性があります。

アクティブラーニングの導入をめざしていても、無理は禁物。うまくいかないときは中断する

中断後、別の活動に切り替える必要がある。小テストなどを前もって準備しておくとよい

中断を子どものせいにしない。授業の組み立て方に問題があり、やり直したいと説明する

授業を従来の講義型に戻し、学習進度に遅れが出ないようにする。それと同時に、グループワークの課題を考え直して、再開への準備を進める

小林先生からのメッセージ

子どもたちに対話の目標を丁寧に伝えていきましょう

枠組みのもとで「対話的な学び」が起こる

授業にグループワークをとり入れたとき、子どもたちにほとんど発言がみられなかったり、あっても雑談だったりして対話が深まらないことは、じつはよくあります。ひとりで仕切る子や参加できない子が出てきて、対話が成り立たないこともあります。対話は意外に難しいものなのです。ですから実践がうまくいかなくても、気を落とさないでください。

ここまでに解説してきた通り、子どもたちに授業の枠組みを示せば、対話の質は高まっていきます。枠組みというのは、授業の態度目標や内容目標、所要時間、評価基準などです。**グループワークはただのおしゃべりではなく明確な目標をもった活動なのだと、丁寧に説明してください。**

枠組みは対話的な学びに欠かせないのですが、その重要性が意外に理解されていません。先生たちはグループワークに説明不足の点がないかどうか、確認してみてください。

科学者の例（四〇ページ参照）を出したり、「チームで協力できていますか」と問いかけたり、時間の経過を伝えたりするのも、子どもに授業の枠組みを意識させるためです。考えるきっかけをつくり、理解をうながしていくわけです。

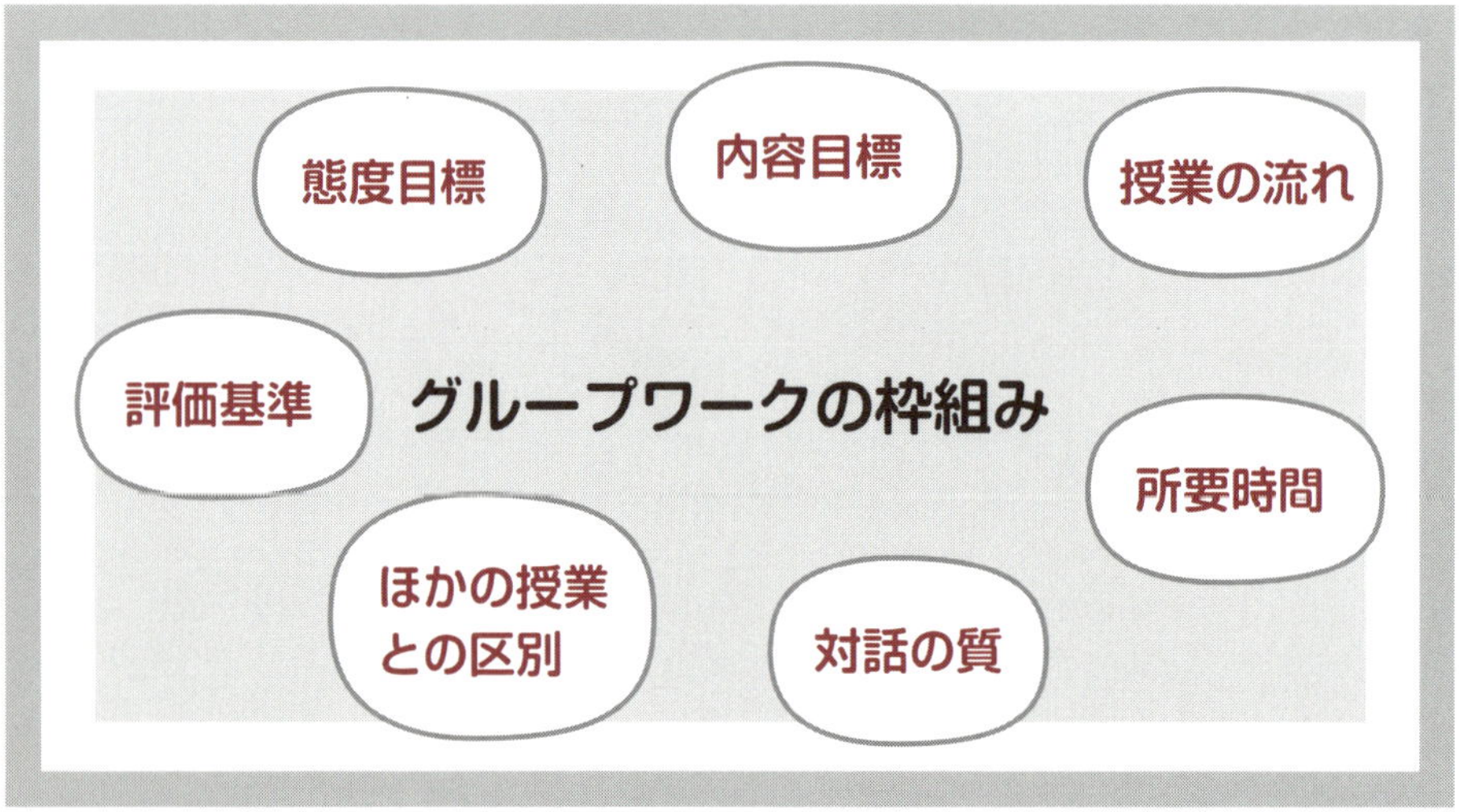
グループワークの枠組み
態度目標
内容目標
授業の流れ
評価基準
所要時間
ほかの授業との区別
対話の質

●やがて「主体的な学び」が起こってくる●

子どもたちにグループワークの枠組みが伝わり、対話の質が高まっていくと、おもしろいことが起こります。**先生の説明した目標が、子どもたち自身の目標になっていく**のです。

グループワークを通じて、子どもたちはさまざまな経験を積みます。その多くは「難問でもみんなで考えたら解けた」「友達に説明したら理解が深まった」「先生には聞きにくいことでも隣の子には聞けた」といった、成功体験です。

成功体験を重ねた子は「対話をすれば授業の内容がもっとよくわかる」という実感をもちます。そうして、対話の枠組みを自分自身の目標として考えるようになるのです。その段階になると、**先生が質問をしなくても、子どもたちが目標にそって主体的に対話をおこなう**ようになります。

●「主体的・対話的で深い学び」になる●

このプロセスでは「主体的・対話的で深い学び」が順を追って実現しています。まず先生の用意した枠組みのなかで対話的な学びが起こり、それをくり返すなかで、子どもたちが枠組みを自分のものとし、主体的に学ぶようになっていきます。そうして対話の質が高まり、深い学びが起こってくるのです。

グループワークでは、最初から子どもの主体性にゆだねて対話をうながしても、なかなかうまくいきません。そういう意味では**「対話的」「主体的」「深い」という順番が、アクティブラーニングのヒントに**なりそうです。ぜひ参考にしてください。

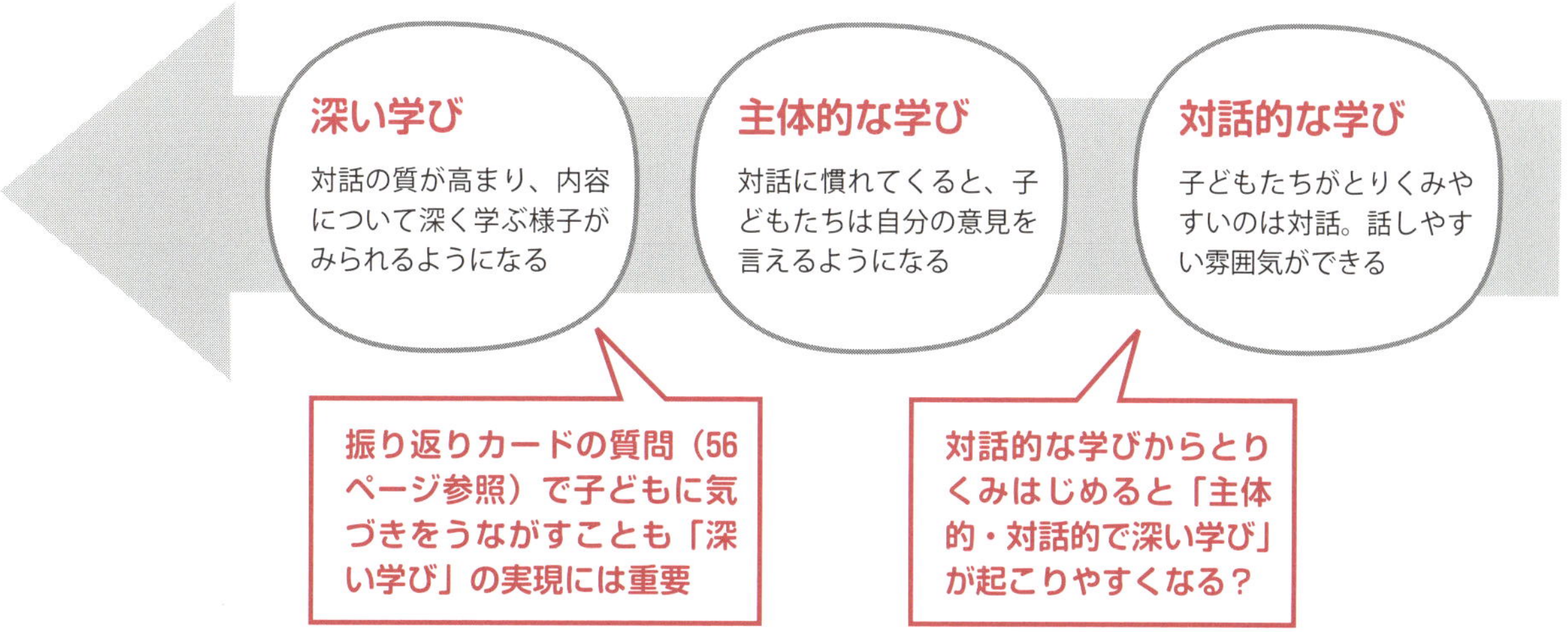
対話的な学び
子どもたちがとりくみやすいのは対話。話しやすい雰囲気ができる
主体的な学び
対話に慣れてくると、子どもたちは自分の意見を言えるようになる
深い学び
対話の質が高まり、内容について深く学ぶ様子がみられるようになる
対話的な学びからとりくみはじめると「主体的・対話的で深い学び」が起こりやすくなる？
振り返りカードの質問（56ページ参照）で子どもに気づきをうながすことも「深い学び」の実現には重要

●「対話的」になれない子がいてもよい●

枠組みを示し、対話の起こりやすい環境を整えても、なかには話に加われない子もいます。しかし、それは当たり前です。子どもたちはそれぞれ違います。子どもによって得意不得意もあれば、心身の調子もさまざまです。あるテーマでグループワークを設定したときに、**「いまはまだできない子」や「今日はできない子」がいるのは、自然なことです**。

グループワークは、グループに同じことをさせるための活動ではありません。グループの多様性を通じて、子どもたちに学びを起こすためのものです。参加できないことも多様性のひとつと考え、柔軟に対応していきましょう。サポートをしながら見守っていくと、やがて参加できるようになります。

●「対話的」なら仲はよくなくてもいい●

グループが苦手で参加をためらっている子には**「みんなと仲良くする必要はない」と伝えるのも、ひとつの方法**です。グループワークの目標は、人と仲良くすることではありません。人と協力して、授業の内容を理解することです。苦手な相手でも授業中に協力できれば、それでかまわないのです。そのように伝えると、考えが切り替わる子もいます。

「目標を達成するために、どんな相手とも協力する」という姿勢は、社会に出て働くときにも役立つものです。そのような力を身につけることを、グループワークのねらいのひとつとして、子どもたちに説明してもよいでしょう。

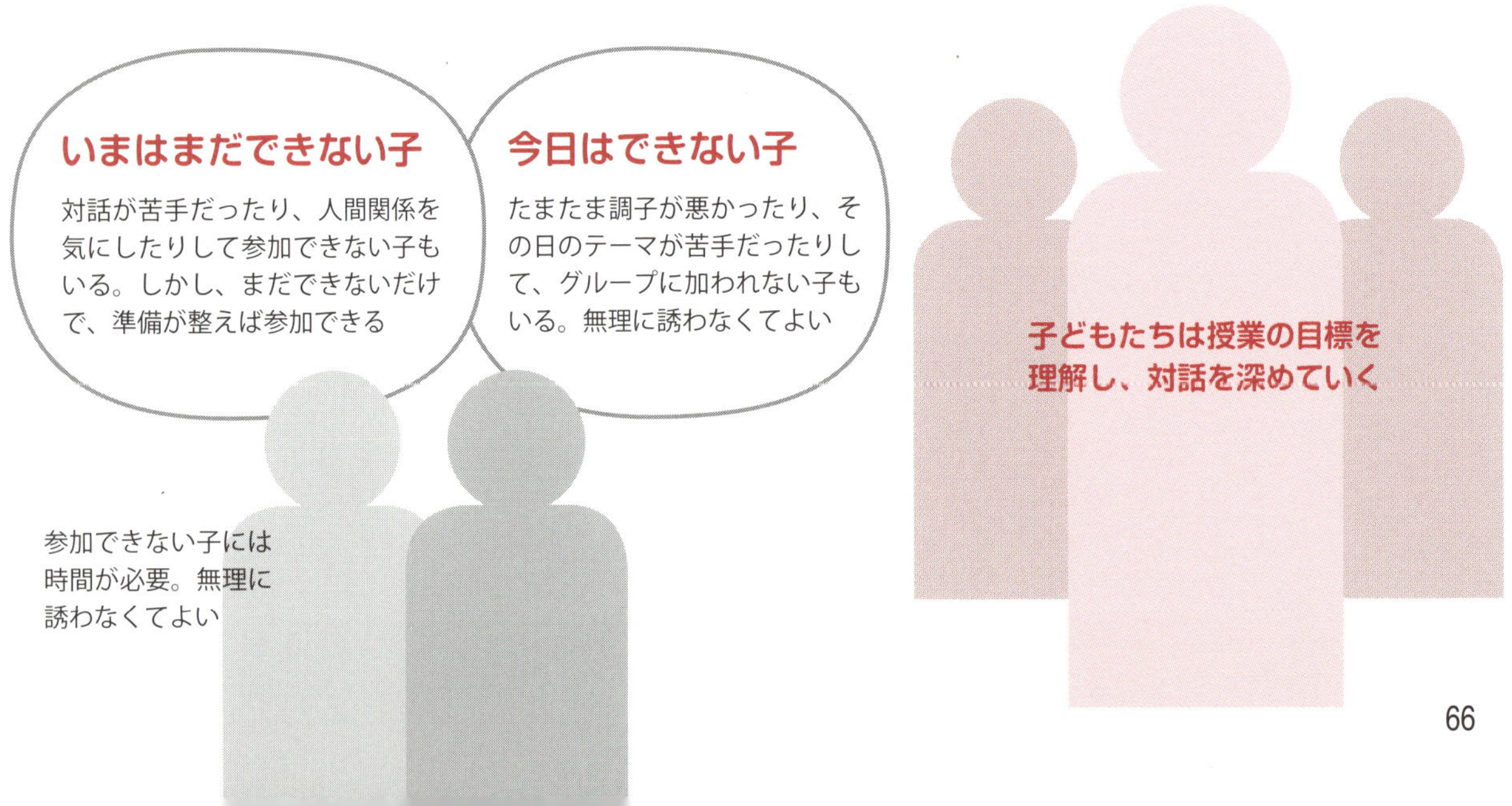
いまはまだできない子
対話が苦手だったり、人間関係を気にしたりして参加できない子もいる。しかし、まだできないだけで、準備が整えば参加できる
今日はできない子
たまたま調子が悪かったり、その日のテーマが苦手だったりして、グループに加われない子もいる。無理に誘わなくてよい
子どもたちは授業の目標を理解し、対話を深めていく
参加できない子には時間が必要。無理に誘わなくてよい

3 同僚にどう言えばわかってもらえるか

アクティブラーニング型授業を
自分なりに実践し、手応えは得ているものの、
それをまわりに理解してもらえないという例があります。
独自のとりくみに対して周囲から反発があり、
続けることが難しくなってしまうのです。
説得を試みるよりも、まわりの声に耳を傾け、
対策をとることをおすすめします。

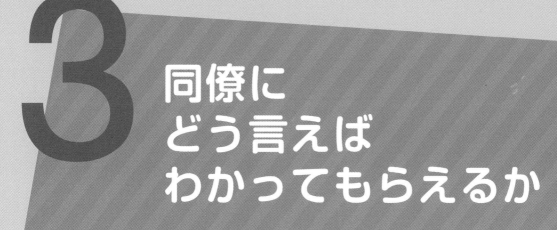

ストーリー

はりきりすぎて学校で浮いているC先生

1

C 先生は 20 代の男性教員。高校で理科を教えています。数年前からアクティブラーニングにとりくみはじめ、校外の研修会や勉強会へ積極的に参加してきました。そこで出会った他校の先生たちと連絡をとり合い、授業の改善にとりくんでいます。

担当は地学です。
SNS で学校を越えて
情報共有しています。
よろしくお願いします

研修会で他校の先生と名刺を交換。各校の先生から実践のコツを聞いて、自分の授業にとり入れている

2

C 先生はすべての授業をアクティブラーニング型でおこなっています。研修会などで学んだことをどんどん活用して、授業の質を高めてきました。成績が劇的に上がったわけではありませんが、子どもたちからは「おもしろい」と言われ、好評です。

3 授業で工夫してうまくいったときには、SNSに情報をアップロード。インターネットを通じて他校の先生から意見や感想をもらい、参考にしています。

仕事を終えて電車に乗ったらSNSをチェック。その日の工夫を書きこんで、意見を求める

4 勤務している学校の外には多くの仲間がいるC先生ですが、校内には相談相手がいません。C先生ほどの熱意をもつ同僚がいないため、話が合わないのです。精力的なC先生ですが、学校では浮いてしまっていて、努力が空回りしているところもあります。

Cさんみたいにはできないよ。日曜日はゆっくり休みたいから、勘弁して
研修

研修会などに同僚を誘っても断られる。それがC先生には物足りない。しかし相手も付き合いにくい同僚だと感じている

どうすればいい？

これからはアクティブラーニングの導入が進んでいくはずですが、ひとりであまり先走ってしまうと、同僚との関係が悪くなったり、子どもがほかの授業との違いに混乱したりして、問題が起こります。あせらずに、**ほかの先生と協力しながら**実践していきましょう。校内では**「無理をしないこと」「たたかわないこと」**を心がけてください。

テーマ9～テーマ10へ

テーマ

9 理解されない

よくある悩み

校長など管理職の理解が得られない場合は

校長や教頭、主幹教諭などの管理職が、アクティブラーニングの導入には好意的でも、授業をあまり大きく変えることには慎重な姿勢をとっている場合があります。現場で新しいことをとり入れるとき、理解を求めるのが簡単ではありません。

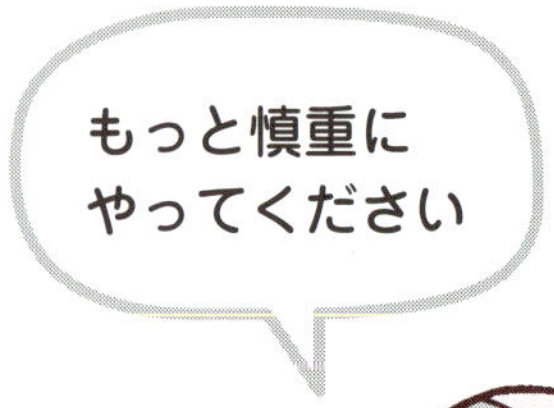
もっと慎重にやってください

授業を毎回、グループワーク形式でおこなったら「変更しすぎだ」と注意された

授業を変えることはできても、その意図を同僚や保護者に理解してもらうことが難しいという悩みもよくあります。

理解を求めるよりも、相手を理解したい

授業を変えることに対して、ほかの先生や保護者から「子どもが混乱する」「行儀が悪い」「成績が心配」といった否定的な意見が出るときもあります。

アクティブラーニングをとり入れている先生たちは、そこで授業の意図を説明し、理解を求めようとしがちですが、ちょっと待ってください。相手を説得するのではなく、まず相手がどこに不安や疑問を感じているのか、聞いてみましょう。それに答えながら、少しずつ説明していきます。

また、ただ答えるだけでなく、人の意見を参考にして、授業を見直すことも考えましょう。

よくある悩み

会議で同僚から批判されても続けるべきか

　授業の改善を進めたとき、その授業単体としてはうまくいっていても、ほかの先生たちとの違いが大きくなってしまい、批判を受けることがあります。それでもアクティブラーニングの導入を続け、まわりに理解を求めるべきでしょうか。

先生はいいかもしれませんけど、子どもたちは混乱していますよ。今日もひとり、その件で相談にきた子がいます

授業の進め方がほかの先生と大きく異なることに対して、同僚や保護者から質問や注意を受ける

教科書の進み具合や、定期テストの結果に差が出る。成績が落ちてしまい、批判されることもある

会議でほかの先生からアクティブラーニング型授業の問題点を指摘される

よくある悩み

保護者からクレームがあったらどう答えればよいか

　授業の変化に対して、保護者からクレームが寄せられることもあります。子どもたちが混乱したり不安を感じたりしていて、保護者が心配しているケースです。そう感じさせてしまったときには、慎重な対応が必要です。

「授業中におしゃべりをしたり立ち歩いたりするのは行儀が悪い」と注意される。従来の授業に戻すように要求される

「落ち着いて知識を身につける時間がなく、受験が心配」だと指摘される。成績が低下したときに、そうした声が多くなる

対応法は P72・74 へ

対応法

たたかわないで、協力態勢をつくる

周囲の理解がなかなか得られないときには、あせって無理をしないでください。理解を求めてたたかうのはやめ、まわりの人との協力を心がけましょう。そのほうが、結果的には理解を得やすくなります。

実践のコツ

自分のやり方を押しつけない

理解を求めるときに大切なのは、相手を説得しないこと。どんなにすぐれた方法だとしても、自分のやり方を押しつけるのはやめましょう。ただ、隠す必要もありません。授業の情報は提供し、知りたがる人には伝えてください。

無理に理解を求めたり、協力を頼んだりしない。同僚を研修会などに強く誘うのもやめる

自分ができることを続けていく。それをやめたり隠したりする必要はない。注意を受けたところは見直す

▶成績対策にはP62が参考になる

授業への質問や見学希望はいつでも受け入れる。授業の概要をプリントにまとめておき、知りたがる人には配布する

授業を説明するプリントを用意して、机に置いておく。全員には配布せず、自由に持ち帰れるようにする

たとえばこんなプリントを

- 授業のタイムスケジュール（講義、問題演習、振り返りの流れ）を示す
- 授業の態度目標や内容目標を書き出しておく
- 同僚や保護者向けに、授業のねらいを簡潔にまとめる

明日の授業で
グループワークをやります。
話し声が聞こえると
思いますが、うるさかったら
言ってくださいね
まわりの人の意見を聞くために、日頃から授業のことをこまめに報告し、相談しておく
ほかの先生にこまめに話しかけ、新しい授業の影響が出ていないか、聞いてみる。問題があれば見直すようにする
同じ教科の先生がほかにいる場合は、教科書の進み具合が早くも遅くもならないように、相談して調整する

実践のコツ

合わせるところは合わせる

押しつけないだけでなく、ほかの先生や保護者と意見を合わせることも重要です。周囲の不安をかき立てないよう、場合によってはグループワークの展開や教科書の進め方などを調整しましょう。

やり方を合わせる必要はない

授業の時間や教科書の進み具合のように、先生どうしで足並みをそろえなければいけないところもあります。そこは同僚と相談し、調整していきましょう。

いっぽう、講義とワークの割合など、教え方の調整は各自にまかされています。そこをほかの先生と合わせる必要はありません。

対応法

反論や批判はやめて、質問を心がける

会議などでほかの先生から注意や指摘を受けたときに、それに反論したり、相手を批判したりするのはやめましょう。関係がこじれて、ますますやりにくくなります。批判はさけ、質問によって相手の考えを理解し、対話を深めていきましょう。

実践のコツ

ほかの先生を攻撃しない

アクティブラーニングに理解のない先生や、批判的な先生がいても、その人たちを攻撃しないでください。相手の授業を批判したり、アクティブラーニングの導入を強要したりすると、トラブルが起こります。

管理職などが一方的に従来の授業を禁止すると、現場が混乱する。現場の声を聞きながら、少しずつ変えていく

自分よりも下の立場の先生が相手でも、授業の進め方などを指示・命令するのはさける。その先生の考えも尊重する

従来の講義中心の授業を続けている先生がいたとしても、批判したり、研修などへ無理に誘いこんだりしない

管理職向けアドバイス

どの先生の授業も否定しないこと

いまはまだ、授業がアクティブラーニング型に変わりはじめたばかりの過渡期です。従来の講義型授業をしている先生もいれば、アクティブラーニングを積極的にとり入れている先生もいます。校長などの管理職は、どちらの先生の授業も否定しないでください。それよりも、両者のよい面を活用して、多様な授業のある学校をめざしましょう。

先生が一方的に話し続ける「ワンウェイ」な講義型授業を否定しない。説明のうまさをほかの授業に活用する

アクティブラーニング型授業を否定しない。うまく実践できていない場合でも、その試行錯誤を評価し、活用する

子どもたちの混乱を
解消するために、
こういう説明をするか、
ここのやり方を
そろえるのはどうですか？

一方的に要求することはさけ、質問をくり返して相手の意図を理解し、同時に自分の考えも提案していく

実践のコツ

気づいたことは質問に変える

ほかの先生と授業の話をするときには、批判や命令、禁止をさけ、気づいたことや言いたいことを、相手に質問しましょう。いっしょに考えたい問題が出てきたときに、質問の形なら、相手を傷つけずに話し合えます。

自分の考えを押しつけず、いくつかの案を提示する。「こういうやり方と、こういうやり方が考えられますが、どちらがいいでしょうか？」と聞く

アクティブラーニングに否定的な相手でも批判せず、質問する。「どんなところが難しそうですか？」などと、相手の考えを聞く

相手への希望も質問に。グループワークをほかの先生にもとり入れてほしい場合は「何分くらいならできそうですか？」などと聞く

原因よりも対策を聞くようにする。「なぜですか？」はさけ、「どうすればいいと思いますか？」と質問する

注意されたときには相手の意図をたずねる。「授業のどういうところが問題だと思いますか？」などと聞いて参考にする

テーマ

10 先がみえない

「アクティブラーニングの導入」という目標はみえていても、そこまでの具体的な道のりがみえないということも、悩みのひとつです。

よくある悩み

授業を変えること、学校を変えること、どちらが先か

アクティブラーニングにとりくむ学校のなかには、現場の先生が中心になっているところもあれば、校長が旗振り役となっているところもあります。導入を進めやすいのは、どちらのやり方でしょうか。

数人の先生が個々にアクティブラーニングを学び、導入にとりくんでいる。その先生たちの授業はどんどん改善されていくが、ほかの先生に広がっていかない。教科間、授業間の差が大きくなっていってしまう

校長がアクティブラーニングの導入を呼びかけ、全校でのとりくみを進めている。すべての授業で、ある程度の実践がおこなわれるが、学校としての指針にそったものになりやすく、形式などが似通ってくる

先生ひとりでできることは、かぎられている。それでも現場での実践からスタートしたほうがよいのだろうか。それとも、校長などの管理職に働きかけるのが先か

新聞では「小学校などで 2020 年度から導入」と報じられているが、それはどの程度の導入をさしているのだろうか

よくある悩み

全教員が授業を変える日は、本当にくるのか

新聞やテレビなどではアクティブラーニングの導入がさかんに報じられていますが、実際には、いつからどの程度の実践がおこなわれるのでしょうか。いまなにをすべきか、考えあぐねている先生も多いようです。

先を見越して実践にとりくみ、授業をどんどん変えていく先生もいる。しかし、そんなに大きく変えてしまって問題はないのか

従来の講義型授業を続けていて、なにも問題がないという先生もいる。それでもいまから授業の見直しをはじめなければいけないのか

対応法は P78 へ

いま、誰がどこまで動けばいいのか

アクティブラーニングの導入に向けて、校長などの管理職はその基礎を学び、現場のとりくみをサポートしましょう。本格導入までの準備期間には失敗もあります。現場の先生たちの実践を否定しないことが大切です。

現場の先生たちは、少しずつでもかまわないので、実践をはじめてください。いまから試行錯誤して、自分なりの新しい授業をつくっていきましょう。

ひとりにならないことが重要

学校が変わっていくなかで重要なのが、ひとりにならないこと。実践を進めるにせよ、様子をみるにせよ、ほかの先生と連携していれば、大きな混乱に見舞われることはないでしょう。校内連携を心がけてください。

対応法

3つの立場を意識する

「いまどう動くべきか」と悩んでいる先生は、学校内の「トップ」「コアチーム」「フロンティアチーム」を思い描いてみてください。そして自分のポジションを確認し、そこでできることを実践しましょう。

実践のコツ

トップはコアチームとやりとり

管理職は学校のトップとして、アクティブラーニングの導入を進めます。気になることがあれば導入の中心的なメンバーであるコアチームに質問し、対策を考えてもらいます。現場にいるフロンティアチームの先生をトップが呼び出すと、威圧的な指示になりがち。最前線のことはコアチームにまかせて、後方支援に務めましょう。

校長をはじめとするトップは目標や指針を示し、その具体的な実践法は現場にゆだねる

トップ

校長や教頭、主幹教諭などの管理職。「トップダウン式」でなにもかも指示していると、先生たちの主体性を奪ってしまうので要注意。全校に向けて指針を出したり、コアチームと連携したり、保護者向けの説明会をおこなったりするのがトップの主な仕事。

トップが下から先生たちを支える

トップはP53で紹介した逆さのピラミッドを意識して、下からコアチームやフロンティアチームを支えましょう。指示や命令をするのではなく、先生たちが働きやすい環境を整えることに注力します。

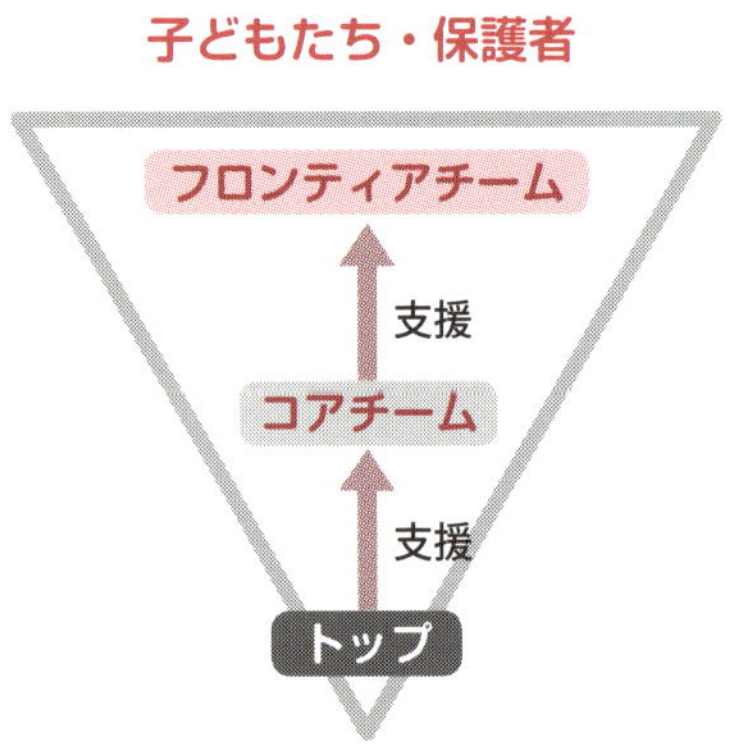

実践のコツ

フロンティアチームが教育を変える

　トップの組織運営力やコアチームの先進的な働きも重要ですが、現場の一人ひとりの先生の力は、それ以上に重要です。教育のフロンティア（最前線）で授業をする先生たちが変われば、日本の教育は変わります。

実践のコツ

コアチームは中継役に

　アクティブラーニングの実践にいち早くとりくんでいる先生は、校内に仲間をみつけてコアチームをつくりましょう。そして授業の改善を進めるとともに、トップの方針をフロンティアに伝えたり、現場の実情をトップに訴えたりして、中継役として働きます。

教員室には実践を進めている先生もいれば、まだ様子をみている先生もいる。多様な人がいて当たり前。コアチームとフロンティアチームが立場を意識して連携すると、トラブルが起こりにくくなる

フロンティアチーム

　アクティブラーニングの導入に向けて、実践や準備をはじめている先生たち。いわば教育のフロンティアの開拓者。多くの先生たちがこのグループに属している。あせらずに、コアチームと相談しながら、授業を改善していく。

コアチーム

　先生たちのなかで、アクティブラーニングの導入に積極的にとりくんでいるメンバー。校内に数人程度。授業研究委員会などの形でチームを組んでいる場合もある。授業もおこなうが、校内の調整などにも関わる、いわば学校の中心的な存在。

小林先生からのメッセージ

先生にとって大切なのは授業を手放さないことです

学校はこれから大きく変わっていく

アクティブラーニングの導入によって、学校教育に大きな変化が起こりつつあります。これまでは多くの授業で子どもたちに「私語をしない」「立ち歩かない」という指導がおこなわれてきましたが、いまはそれと正反対のことを言う授業が出てきているのです。**先生の教え方も、子どもたちの学び方も、これから大きく変わっていくでしょう**。

しかし、この大変革はまだはじまったばかりです。アクティブラーニングが本格的に導入されるのは平成32年度から。それまでは準備期間ですから、学校によって対応の仕方は異なります。全校で一丸となってアクティブラーニングにとりくんでいるところもあれば、まだ検討中というところもあります。

この本を読んでいるみなさんが周囲の理解を得て、チームでとりくめていればよいのですが、なかには、**率先してアクティブラーニング型授業をはじめたものの、十分なサポートが得られず、思い通りに展開できていない**というケースもあるのではないでしょうか。しかし、どんな環境でも、先生たち一人ひとりが必ずできることがあります。それは、自分の授業を自分なりに改善していくことです。

ひとりでもできることがある

- **授業の改善や研究**は自分なりに続けていく
- 反対勢力があっても絶対に**たたかわない**
- 理解や支援が得られなくても**あきらめない**
- 心配や批判の声にはきちんと**耳を傾ける**
- 説明を求められたときには**丁寧に伝える**
- 仲間がみつからなくても**無理に誘わない**

どんな状況でも授業は奪われない

先生というのは特殊な仕事です。ほかの職種であれば、仕事で失敗したときに担当をはずされることがあります。しかし先生にはそれがありません。うまくいかないことがあっても、自分の授業を奪われることは基本的にないのです。ですから、**失敗をおそれず授業の改善にとりくむことができます**。

もしもいま、管理職や同僚、保護者などとの関係づくりがうまくいかず、授業を思うように変えられない状況にあるとしても、あきらめないでください。理想的な改善ではなくても、いまできることにとりくみましょう。目立たない範囲で授業を変えることは、できるはずです。

実践を続ければ、いつか風向きが変わる

授業を変えると、最初はまわりの人に反発されるかもしれません。しかし、そこで対立せず、人の話を聞いて、穏便にとりくむようにすれば、反発はおさまります。

そうして実践を続け、子どもたちの学びが深まっていけば、クラス全体の成績が上がったり、子どもの様子をみている保護者から評価されたりします。その評判はやがてほかの先生たちに伝わり、風向きが変わってきます。新しい授業に興味をもつ先生が出てくるのです。

先生が授業を手放さず、いまできることを続けていけば、そのとりくみが認められる日が、きっと訪れます。あきらめずにとりくんでいきましょう。

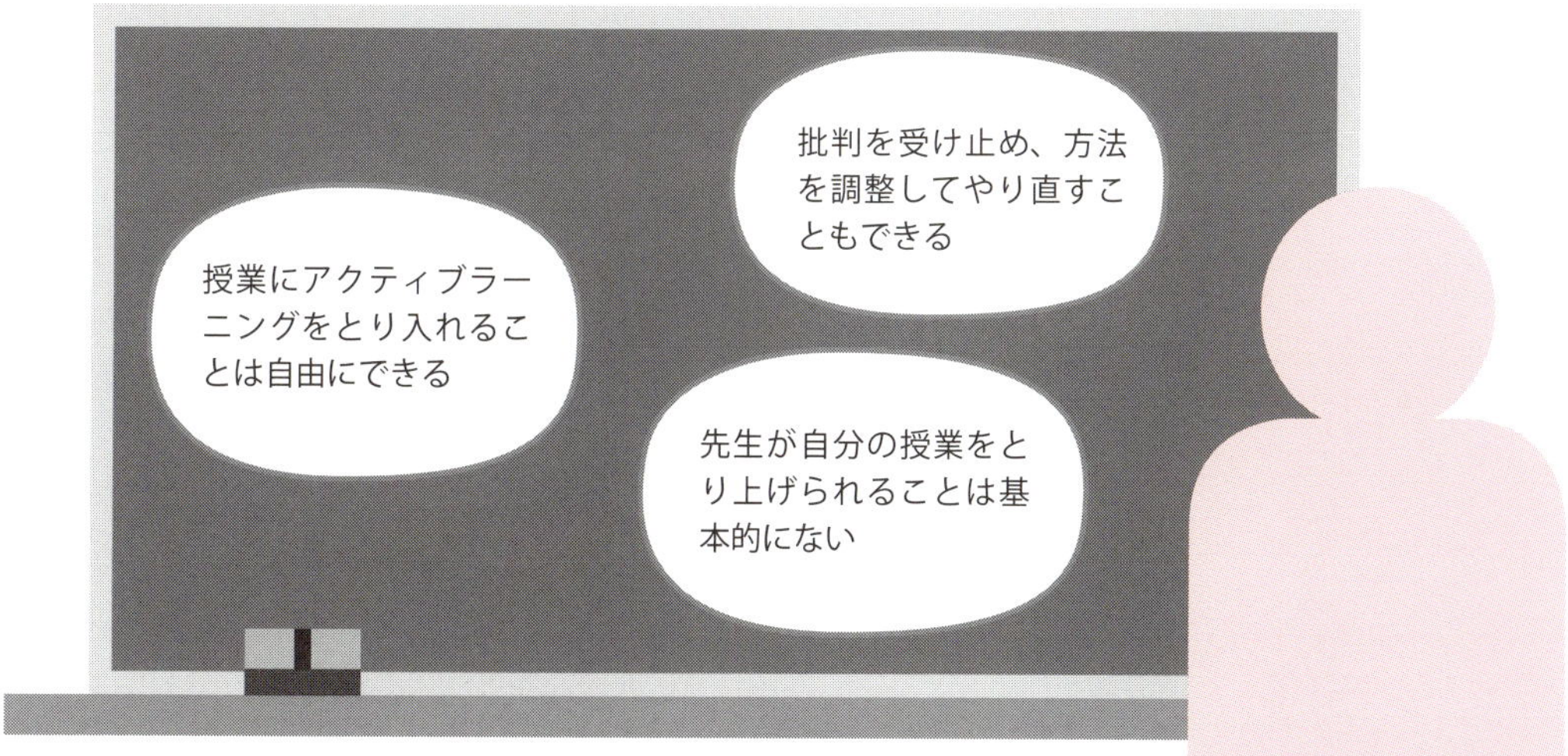
批判を受け止め、方法を調整してやり直すこともできる
授業にアクティブラーニングをとり入れることは自由にできる
先生が自分の授業をとり上げられることは基本的にない

どのような環境でも授業を工夫することはできる

●先をあせらず、目の前の授業を大切に●

授業を手放さないという意味では、**研修会や勉強会のために授業に穴を開けないことも大切**です。

アクティブラーニングを学びはじめると、外部研修や他校の先生との交流のために、授業をほかの先生に代わってもらったり、自習にしたりするケースが出てくるかもしれません。しかしそれは学校からの指示でないかぎり、さけてください。自己判断で授業に穴を開けてはいけません。

目の前の授業よりも自分の学習を優先すれば、その考えが子どもにも、同僚にも伝わります。**授業を大事にしていないと思われてしまいます。授業の改善など、とてもできません。**

●仲間ができ、理解は広がっていく●

授業の改善を続けていくためには、個人の能力を高めることも有効ですが、それ以上にまわりの人との協力が重要です。いつまでもひとりで奮闘できる人はいません。ひとりでは、長くても数年でつぶれてしまいます。現場をおろそかにして孤立することのないように、注意してください。

自分の授業を地道にこなしながら試行錯誤していれば、先ほども解説した通り、風向きが変わり、誰かが努力を認めて仲間になってくれます。仲間ができれば、悩んだときに相談できます。相談によって、アイデアが広がります。理解してくれる同僚も、増えていくでしょう。そのような広がりをイメージして、じっくりとりくんでいってください。

仲間がいればできることが増える

- 授業の改善に悩んだとき、同僚に**相談できる**
- 子どもに感想を聞くと、**視点が切り替わる**
- **役立つ道具やアイデア**を紹介してもらえる
- 手探りの実践を、管理職が**サポートしてくれる**
- 外部研修頼みにならず、校内でも**授業研究が進む**
- 不安がやわらぎ、思い切った**チャレンジができる**

4 あらためてアクティブラーニングを考える

アクティブラーニングには、正解がありません。
それゆえ先生たちは多くの問題に直面し、
創意工夫を求められるわけです。
しかし、アクティブラーニングの定義や意義、効果を考えながら
実践にとりくんでいけば、正解のない問題に直面しても、
自分なりの答えが出せるようになります。

ストーリー

同僚とともに授業を変えはじめたD先生

1

D 先生は 30 代の男性教員。高校で数学を教えています。校長の指示を受けて校内にアクティブラーニング型授業の研究委員会をつくり、導入にとりくんでいます。数人の同僚と協力しながら、1 年以上、授業の改善を進めてきました。

子どもたちは質問したり教え合ったり、立ち歩いて相談したり、資料を読みこんだりと、それぞれに学び方を考え、主体的に行動するようになった

2

最初は D 先生にも子どもたちにも戸惑いがありましたが、実践を続けるうちに新しい授業の形が少しずつ整ってきました。最近では、D 先生が声をかけなくても、子どもたちがしゃべったり立ち歩いたりして、協力しています。

3 授業が思った通りに展開できないこともありましたが、校長をはじめとする管理職や委員会のメンバーに相談しながら試行錯誤を続けました。校内に何名かの相談相手がいることが、大きな支えになりました。

相談しても答えがみつからないこともあったが、それでも気持ちは楽になった

4 D先生は同僚とも、子どもたちとも、よく話すようになりました。部活動や進路指導など、授業以外の時間にも対話が増え、なにごともほかの先生や子どもたちといっしょに考えながらとりくむようになってきました。

生徒会活動でも授業と同じように、一方的に指示するのではなく、子どもたちの考えを聞くようになった

D先生のこれから

授業の改善によって子どもたちが深く学ぶようになっていくとき、**同時に先生も学び、成長しています**。D先生のように、**先生も同僚や子どもと協力できるようになる**のです。年月がたって委員会からはずれたり異動したりすることがあっても、活動の根幹は変えず、先生自身も学び続けることが大切です。

そもそもアクティブラーニングとはなにか

アクティブラーニングの定義

アクティブラーニングにはさまざまな定義がありますが、この本では京都大学高等教育研究開発推進センターの溝上慎一《みぞかみしんいち》教授の定義と、文部科学省の発表を参考にしています。それをふまえて、アクティブラーニング型授業を以下のように幅広く考えています。

アクティブラーニングとは

この本では

一方向的な知識伝達型講義を聴くという（受動的）学習を乗り越える意味での、あらゆる能動的な学習のこと。能動的な学習には、書く・話す・発表するなどの活動への関与と、そこで生じる認知プロセスの外化を伴う。

溝上慎一著『アクティブラーニングと教授学習パラダイムの転換』（東信堂）より

文部科学省では

- 教員による一方向的な講義形式の教育とは異なり、学修者の能動的な学修への参加を取り入れた教授・学習法の総称
  文部科学省・中央教育審議会「新たな未来を築くための大学教育の質的転換に向けて～生涯学び続け、主体的に考える力を育成する大学へ～（答申）」（平成 24 年 8 月 28 日）より
- 課題の発見と解決に向けて主体的・協働的に学ぶ学習（いわゆる「アクティブ・ラーニング」）
  文部科学省・中央教育審議会「初等中等教育における教育課程の基準等の在り方について（諮問）」（平成 26 年 11 月 20 日）より
- 「学び」の本質として重要となる「主体的・対話的で深い学び」の実現を目指した「アクティブ・ラーニング」の視点
  文部科学省・中央教育審議会「次期学習指導要領等に向けたこれまでの審議のまとめについて（報告）」（平成 28 年 8 月 26 日）より

アクティブラーニング型授業とは

学習者にアクティブラーニングが起きることを含むすべての授業形式。（形式・スキルのしばりがない→実践者にとっては有用）

なぜ実践が広がっているのか

近年、学校ではアクティブラーニングの導入・実践が急速に広がっています。文部科学省がアクティブラーニングの考え方を学習指導要領や大学入試にとり入れることを示したため、その対応がはじまっているのです。

学習指導要領に入るから

文部科学省が平成 28 年度（高校は 29 年度）中に学習指導要領を改訂する見込み。そこで初等中等教育（幼稚園・小学校・中学校・高校）でのアクティブラーニングの導入が推進される予定

大学入試に入るから

現在のセンター試験は今後廃止され、平成 32 年度からは知識だけでなく思考力・判断力・表現力も問う「大学入学希望者学力評価テスト（仮称）」となる予定

大学入試にアクティブラーニングの視点がとり入れられ、記述式の問題などが増えるとされている

さまざまな定義を、考えるヒントに

アクティブラーニングには、さまざまな定義があります。研究者によって考え方が違うのはもちろん、文部科学省の発表にも「能動的」「主体的」「協働的」「対話的」と、多様な言葉が並んでいます。

先生たちはそのような定義を読み比べ、自分なりにアクティブラーニングとはなにかを考えていきましょう。

この本では右記の通り、ただ聞くだけの学習を「（受動的）学習」ととらえ、それとは別の学び方を幅広くアクティブラーニングと考えるようにしています。そう考えれば、授業の方法や形式にとらわれず、柔軟に実践していくことができるからです。

「協働的」と「対話的」

右記の通り、文部科学省は平成26年にアクティブラーニングを「主体的・協働的に学ぶ」と表現していましたが、平成28年の発表ではそれが「主体的・対話的で深い学び」に変わりました。

ただ、用語こそ変わっていますが、子どもたちが相談・協力しながら課題にとりくむというねらいは変わっていません。今後も定義のこまかな変更があるかもしれませんが、定義と内容を合わせて考えていくようにしましょう。

定義

なぜティーチングではなくラーニングなのか

子どもたちの学びを示したものだから

アクティブラーニングを導入していくときに、あらためて考えたいのは、この言葉が「ティーチング」ではなく「ラーニング」だということです。アクティブラーニングは教師の指導法を示したものではなく、子どもたちの学び方をまとめたものなのです。

文部科学省は子どもたちに「主体的・対話的で深い学び」が起きる授業をするように求めていますが、その詳細は、とくに示されていません。それはこれから先生たちが考えていくことになります。

現場の先生たちの創意工夫に期待がかかります。みなさんの腕のみせどころです。

目指すべき学習が示された

これまでに文部科学省が、アクティブラーニングの導入について審議を何度もおこなってきました。そのまとめが書面*として発表されています。最新の発表では「主体的・対話的で深い学び」の実現を目指すことがアクティブラーニングの視点として、示されました。

主体的な学び

「学ぶことに興味や関心を持ち、自己のキャリア形成の方向性と関連付けながら、見通しを持って粘り強く取り組み、自己の学習活動を振り返って次につなげる」こと

（90ページ参照）

対話的な学び

「子供同士の協働、教職員や地域の人との対話、先哲の考え方を手掛かりに考えること等を通じ、自己の考えを広げ深める」こと

（92ページ参照）

深い学び

「各教科等の特質に応じた［見方・考え方］を働かせながら、知識を相互に関連付けてより深く理解したり、情報を精査して考えを形成したり、問題を見いだして解決策を考えたり、思いや考えを基に創造したりすることに向かう」こと

（94ページ参照）

＊文部科学省・中央教育審議会「幼稚園、小学校、中学校、高等学校及び特別支援学校の学習指導要領等の改善及び必要な方策等について（答申）」（平成28年12月21日）より

話しているのは子どもたちで、先生はなにもしていないようにみえるかもしれないが、じつはいろいろと工夫している

教え方は先生たちにゆだねられている

文部科学省は子どもたちの学び方をアクティブラーニングの視点として明確に示していますが、それを実現するために先生がおこなう授業については、具体的に表現していません。「授業の工夫・改善を重ねていくこと」を求めていますが、その詳細は現場の先生たちにゆだねられているのです。本書ではそのヒントとして、これまでに以下のようなアイデアを紹介してきました。

講義

講義を短縮する。内容をなにもかも説明するのはやめ、子どもの知識欲を刺激する

予習や復習、宿題を減らす。子どもたちが講義に集中し、理解を深められるようにする

問題演習

課題へのとりくみ方を指示しない。目標だけ示し、あとは子どもの主体性にまかせる

子どもから質問されても、答えを安易に教えない。ほかの子と話し合うように伝える

教室内の１ヵ所にとどまらないようにする。子どもが先生を頼らない状況をつくる

うまくできていない子がいても叱らない。質問して、その子自身の気づきをうながす

授業の流れを具体的に示し、時間を厳守する。集中力が高まりやすい環境を整える

全員一律の活動にならないようにする。発言の回数などに差が出ても問題にしない

振り返り

授業の最後に必ず、子どもがその日の学習を振り返り、記録する時間をもうける

授業中の発言や解答、提出物などを成績に反映しない。授業では自由な活動を保障する

無理をしない

アクティブラーニング型授業では、先生がさまざまな工夫をおこない、子どもたちが協力しながら学べる場をつくることが必要になります。多様な対応を求められますが、できることから試していきましょう。

效果

主体的な学び
自分で考え、実行する力が伸びる

言われなくても学ぶ子になる

アクティブラーニング型授業のねらいのひとつは、子どもに「主体的な学び」を起こすことです。

先生は授業中、子どもに教材の使い方や問題の解き方などをこまかく指示しません。発言や行動をいちいちほめたり叱ったりもしません。枠組みを説明したら、あとは子どもにまかせます。

そうすることで、子どもは自分から動けるようになっていきます。正解や評価にとらわれず、自由に活動できるからです。そうして自分で考え、実践することを経験した子は、先生や親からなにも言われていなくても、自分から学べるようになっていきます。

要求では主体性が伸びない

子どもたちに「自分たちでやりなさい」と指示するだけでは、主体的な行動にはなかなかつながりません。それでは要求になってしまい、子どもたちは先生にしたがうようになります。指示の仕方を見直しましょう。

みんな、もっと
発言してください。
主体的にやりましょう！

子どもたちに主体的な発言や行動を指示する。それでも動きがなければ１人を指名する

積極的な発言をほめたり、成績に反映したりする。そして、発言できない子を注意する

「主体的にやろう」と指示すること自体が、子どもの主体性をそこなう一因になる

やり方をまかせれば伸びる

先生がいちいち指示しなくても、子どもが自分から動いたときに「主体的な学び」が起こります。授業の全体的な目標を示すことは必要ですが、そこにいたるまでのやり方は、子どもたちにまかせるようにしましょう。

ルールを示す

これまでに解説してきた通り、態度目標や内容目標、所要時間などを授業の枠組みとして示す

やり方はまかせる

枠組みにそっているかぎり、どのような形で学んでもよいことにする。やり方の選択は子どもたちにまかせる

「このテーマならあの子がくわしい」などと自分で考え、その子のところへ相談に行く。主体的な行動力がつく

成功して自信になる

子どもたちは自分で考え、自分なりのやり方を試すようになる。それで成功すると、自信につながる

主体的に学べるように

先生からいちいち指示されなくても、自分たちで学び方を考えるようになっていく。「主体的な学び」が起きる

選択と責任を実感できるように

「主体的な学び」には、選択と責任が必要です。子どもがものごとを自分で選択し、その決定に責任をもつことで、その子の主体性が育っていきます。子どもが自分の意思で行動したのだと実感することが、重要なのです。

対話的な学び ほかの子と協力できるようになる

力を合わせて成長する子になる

授業で子どもたちが意見を出し合いながら、協力して問題にとりくめるようになっていくと、その子たちに「対話的な学び」が起こります。これもアクティブラーニングの特徴のひとつです。

「対話的な学び」とは、子どもたちが対等な関係で話し合い、多様な考えにふれて、成長していくことです。ただ話し合うだけでは、そのような学習は起こりません。ものごとを決めつけず、相手の考えを理解する姿勢が重要です。

そうして対話の重要性を実感した子どもたちは、いつも相談相手や協力者を探すようになり、人と力を合わせて成長していきます。

指示・命令は対話ではない

一見、話し合っているようでも、特定の子どもばかりが話し、ほかの子はそれにしたがっているという状態では「対話的な学び」とはいえません。みんなで意見を出し合えるように、対話の枠組みを見直していきましょう。

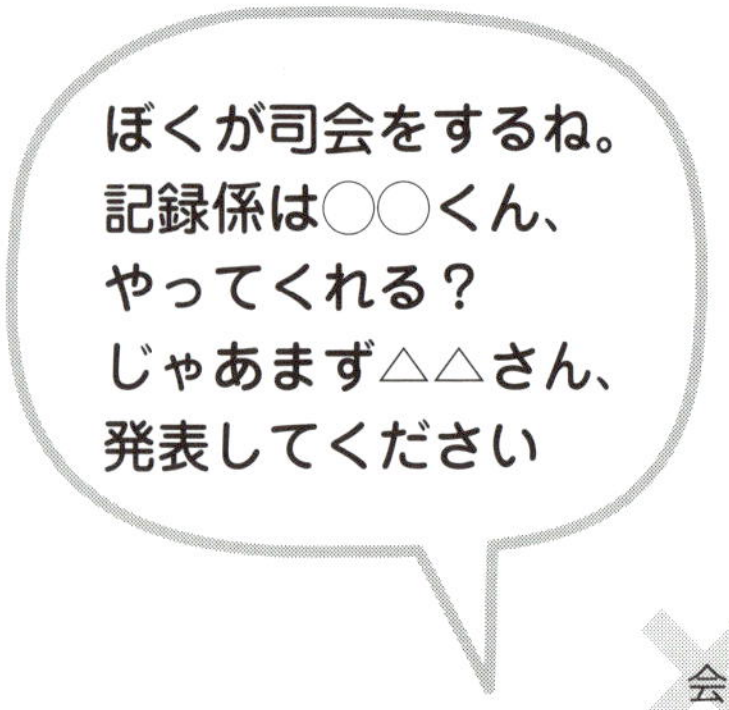
ぼくが司会をするね。
記録係は○○くん、
やってくれる？
じゃあまず△△さん、
発表してください

×
会話の得意な子が場を仕切っている。話し合いにはなっているが、ほとんどが司会役の子の発言で、ほかの子は返事をしているだけ
話し合いが進みやすくなるように、どのグループにも会話の得意なリーダーをおく
×
議論が盛り上がらないグループがあったら、リーダーを指名して対話をうながす

答えの出にくい課題に対して、子どもたちがそれぞれの意見を出す。どの子も現代的なリーダーシップ*を発揮して、対等な立場で話し合える

対等な関係で話をする

対等な関係で意見を出し合い、考えを深めていくときに「対話的な学び」が起こります。先生は、子どもたちが協力しなければ解けない課題を用意しましょう。一方的に指示を押しつける古典的なリーダー役ができないように、全員に協力をうながしてください。

対等に考えられる問題に

答えが出にくい問題や、考え方を問う問題を用意する。そうすることで、子どもたちが答えを安易に決めつけず、相談するようになる

子どもどうしの理解が深まる

子どもはまわりの子に指示や命令、説得をするのではなく、質問や相談をして、問題にとりくむ。その過程でほかの子の考えを理解する

意見を伝え合うように

子どもどうしで対話を重ねるうちに、どの子も自分の意見を表現しはじめる。相手を理解し、自分を理解してもらうという体験になる

対話的に学べるように

「対話的な学び」が起こり、子どもたちは人と話し合えば考えが広がることを実感する。協力できる子になっていく

＊誰かひとりがリーダーとなって人に指示をするのではなく、全員が立場や権限にとらわれずに発言し、それぞれにリーダーシップを発揮して、ものごとにとりくむこと

効果

深い学び
疑問をもち、試行錯誤する習慣がつく

よく考える習慣がつく

アクティブラーニング型授業では、子どもたちが主体的に考えて行動したり、対話を通じて考えを広げたりします。その過程で「主体的・対話的な学び」と同時に、ものごとに対する「深い学び」が起こってきます。

どの教科でも、内容を表面的に理解するのではなく、その因果関係や過程をよく考えるようになっていくのです。

授業でそのような学びを体験した子どもたちは、ものごとをもっと深く学ぼうとしはじめます。なかには、自分たちで勉強会をつくって活動する子もいます。深く考えることが習慣になるのです。

答えを知るだけでは浅い

グループワークを設定しても、そこで子どもたちがお互いに答えをみせ合っているだけでは、アクティブラーニング型授業とはいえません。それでは浅い理解にとどまってしまいます。ワークの調整が必要です。

子どもたちにグループワークをさせているが、よく考えている子は一部で、ほかの子はただみているだけ
何人かが問題を解くと、ほかの子どもたちがそれを写しはじめる。しかしそれも協力の一部なので、止めていない

×解答をただ書き写すだけで、解き方を話し合ったりすることがない

答えがわかっていて、間違える心配がないので、子どもはじっくり考えられるようになる

答えの出し方を試行錯誤する

解答を表面的に共有するだけでは理解が深まりません。解答は最初から全員に教えてしまいましょう。子どもたちには、答えが出ているなかで、その解き方などを考えさせます。そうして試行錯誤した子には「深い学び」が習慣づいていきます。

答えは全員に教える。解き方がわかる子もいれば、わからない子もいる。そのため多様な学び方が広がり、対話も起こりやすくなる

過程を考えはじめる

解答を教えれば、子どもたちは答えを出すことに悩まなくなる。その答えにいたる過程を自分で考えはじめる

協力しはじめる

考えてもわからないときには、ほかの子に聞くようになる。わかっている子も、ほかの子に教えることで理解がさらに深まる

何度もやり直すように

答えは教えてあるので、子どもたちはプレッシャーを感じないでさまざまなことを試し、何度もやり直すようになる

深く学べる子に

なにごとも表面的な理解にとどまらず、掘り下げて考えるようになる。「深い学び」が起こる

小林先生からのメッセージ

アクティブラーニングの導入は、先生たちにとって大きなチャンスです

●なぜいまアクティブラーニングが必要なのか●

アクティブラーニングを導入するときには、**授業を変えるだけでなく、その意味や社会的背景を考えることも大切**です。なぜいま学校教育にアクティブラーニングが必要なのか。それは、社会がアクティブラーニングを必要としているからです。

かつて日本では、よい学校を出てよい会社に入り、そこで定年まで勤め上げることが当たり前でした。しかしそれはもう昔話になりました。情報化が進んだ現在では、人もものも情報も、以前とは比べものにならないスピードで動いています。

一九九〇年代までは知識や技術があれば、一定の仕事を続けることができました。それがいまは難しくなっています。コンピュータやインターネットが普及して知識は簡単に得られるようになり、技術革新も日進月歩でおこなわれています。その結果、**知識や技術だけでなく、時代の変化に合わせて考え、行動する力が強く求められるようになってきた**のです。

労働環境も様変わりし、いまでは転職や非正規雇用が当たり前になりました。企業や組織といった集団に属することが重要だった時代とは違って、これからは、ひとりでも生きていけるように主体性をもつことが重要となります。

工業化社会

産業革命によって工業化した社会では、製品の大量生産のため、多くの人が同じような仕事をしていた。そのためには一定の知識をもち、一律の行動をすることが重要だった

←

知識基盤社会

技術革新によって高度に情報化した社会では、知識は簡単に得られるようになった。知識はもはや基盤となり、それよりも判断力や行動力など、個々の能力が重要になってきた

知識や適応力だけでは活躍できない社会になってきている

社会が大きく変わり、教育も変わりはじめた

社会が大きく変化しつつあるこの時代に、学校教育が変わらないままではいけません。

先生は子どもたちに知識や技術を一方的に伝達するだけでなく、子どもたちが授業で学んだことを社会のなかで活用できるように、導いていく必要があります。そのような背景から、「主体的・対話的で深い学び」をめざすアクティブラーニングの視点が重視されているわけです。

そうした背景を理解すると、グループワークのねらいがよくわかります。正解がひとつではない課題を用意することや、子どもたちの協力をうながすこと、時間厳守で授業を進めることには、社会で必要となる力を育む意図があるのです。

先生は「スキルとマインド」を求められている

授業のねらいが変わるわけですから、先生に求められるスキルやマインドも変わります。

教科の内容をよく理解し、わかりやすく説明する**「レクチャー」のスキルは、これまでと同様に重要**です。これからはそれに加えて、子どもの主体的・対話的な活動をうながす**「ファシリテート」のスキルも部分的に必要になってくる**でしょう。

授業で試行錯誤したり、研修に参加したりして、2つのスキルを磨き上げていってください。また、スキルを表面的になぞっているだけにならないよう、**アクティブラーニングの定義や理念を意識し、マインドをしっかりともつことも重要**です。

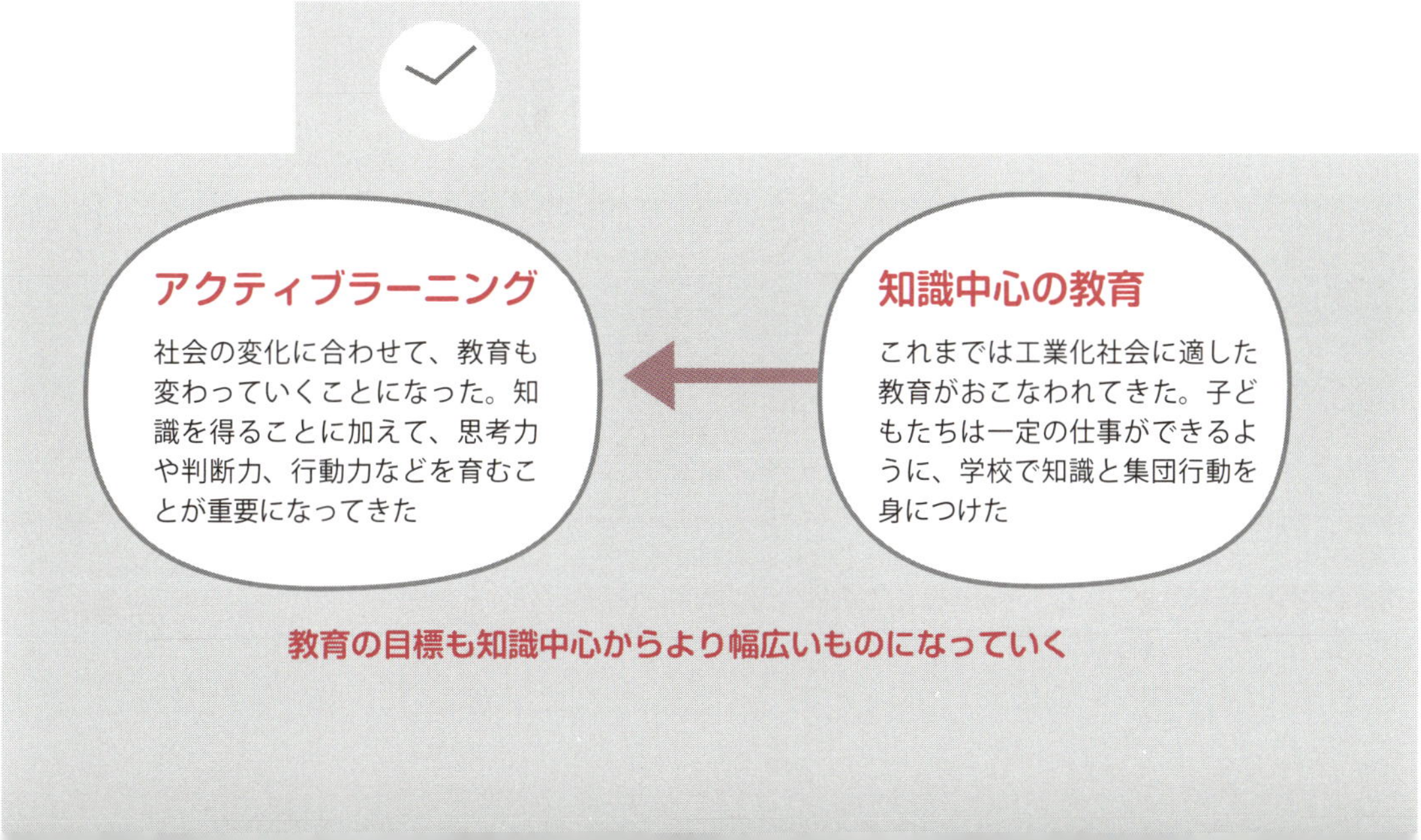
知識中心の教育
これまでは工業化社会に適した教育がおこなわれてきた。子どもたちは一定の仕事ができるように、学校で知識と集団行動を身につけた
アクティブラーニング
社会の変化に合わせて、教育も変わっていくことになった。知識を得ることに加えて、思考力や判断力、行動力などを育むことが重要になってきた
教育の目標も知識中心からより幅広いものになっていく

新しいことにとりくむのはチャンスでもある

いま先生たちは、教育者としてのマインドを見直し、新しいスキルを身につけ、授業を変えていくことを求められています。それは簡単なことではないでしょう。しかし、それだけの仕事をひとりでおこなうのは難しいかもしれませんが、いまは教育界全体がその方向に舵をきっています。同じ仕事にとりくむ仲間が、まわりに必ずいます。

校内外で仲間をみつけ、協力しながら、授業の改善にとりくんでいってください。先生もグループワークをしましょう。そうすることで、先生にも「主体的・対話的で深い学び」が起こります。**アクティブラーニングの導入は、先生たちにとっても成長のチャンス**なのです。

キャリアをみつめ直すきっかけにもなる

アクティブラーニング型授業をつくっていくなかで、先生が自分なりに考え、ほかの先生の意見も聞いて考えを深めていくと、その過程で「教育とはなにか」ということを考えるようになります。そうして**自分の仕事をみつめ直すことは、先生としてのキャリアを考えるよい機会にもなります**。

若い先生たちには、教員としての目標を探すステップになるでしょう。ベテランにとっては、自分の能力を再確認するきっかけになります。なかには定年後の夢をみつける人もいるかもしれません。そのようなチャンスとしても、アクティブラーニングをとらえてみてください。

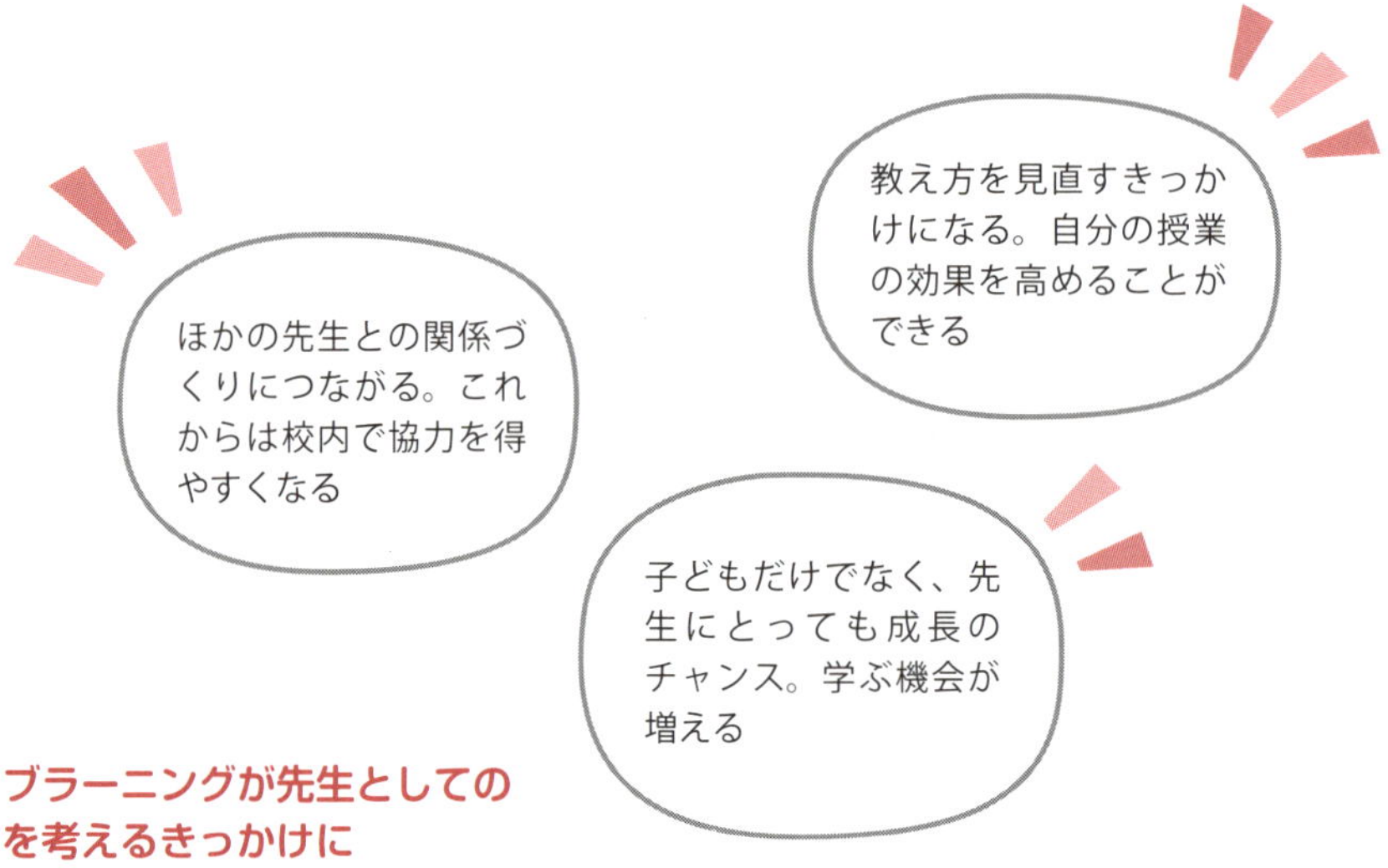
教え方を見直すきっかけになる。自分の授業の効果を高めることができる
ほかの先生との関係づくりにつながる。これからは校内で協力を得やすくなる
子どもだけでなく、先生にとっても成長のチャンス。学ぶ機会が増える

アクティブラーニングが先生としてのキャリアを考えるきっかけに

■監修者プロフィール

小林昭文（こばやし・あきふみ）

産業能率大学経営学部教授。埼玉大学理工学部物理学科卒業。埼玉県立高校の物理教師として早くからアクティブラーニング型授業を実践し、教育界で高く評価されてきた。現在は高校を退職し、産業能率大学と河合塾教育研究開発機構に所属。アクティブラーニングの研究・実践を専門とし、研修講師を年間100回ほどつとめている。

主な著書に『アクティブラーニング入門』（産業能率大学出版部）、『図解 アクティブラーニングがよくわかる本』（監修、講談社）など。

メール　akikb2@hotmail.com

ホームページ　http://al-and-al.co.jp/

● 編集協力
オフィス 201（石川 智）

● カバーデザイン
岡本歌織（next door design）

● カバーイラスト
サタケシュンスケ

● 本文デザイン
南雲デザイン

● 本文イラスト
めやお

健康ライブラリー

図解《ずかい》　実践《じっせん》！ アクティブラーニングができる本《ほん》

2017年2月22日　第1刷発行

監修	小林昭文（こばやし・あきふみ）
発行者	鈴木 哲
発行所	株式会社 講談社 東京都文京区音羽2丁目-12-21 郵便番号　112-8001 電話番号　編集　03-5395-3560 販売　03-5395-4415 業務　03-5395-3615
印刷所	凸版印刷株式会社
製本所	株式会社若林製本工場

N.D.C.375　98p　21cm

ISBN978-4-06-259858-3

■参考文献・参考資料

小林昭文著『アクティブラーニング入門――アクティブラーニングが授業と生徒を変える――』（産業能率大学出版部）

小林昭文著『いまからはじめるアクティブラーニング導入＆実践 BOOK』（学陽書房）

河合塾編、小林昭文／成田秀夫著『今日から始めるアクティブラーニング　高校授業における導入・実践・協働の手引き』（学事出版）

小林昭文著『アクティブラーニングを支える　カウンセリング24の基本スキル』（ほんの森出版）

小林昭文／鈴木達哉／鈴木映司著、アクティブラーニング実践プロジェクト編著『現場ですぐに使える　アクティブラーニング実践』（産業能率大学出版部）

小林昭文監修
『図解　アクティブラーニングがよくわかる本』（講談社）

小林昭文著、フランクリン・コヴィー・ジャパン監修『7つの習慣×アクティブラーニング――最強の学習習慣が生まれた！――』（産業能率大学出版部）